BENDITO ROTO Y ASUSTADO

Convertirse en Eucaristía para un mundo hambriento

J. BRIAN PUSATERI

BENDITO, ROTO Y ASUSTADO

Convertirse en Eucaristía para un mundo hambriento

Copyright © 2021 J. Brian Pusateri

Este libro está dedicado a mi esposa,
Mary Beth Pusateri

Llevamos juntos casi 50 años. Ella es mi mejor amiga,
una fuente de inspiración, un ejemplo del amor de
Cristo, el viento bajo mis alas, y la madre de nuestros
maravillosos hijos.

Sin su amor, este libro no habría sido posible.

CONTENIDO

AGRADECIMIENTOS

Tengo que agradecer a muchas personas su ayuda y apoyo durante el tiempo que escribí este libro. Comienzo agradeciendo a mi esposa e hijos, quienes me apoyan y afirman en mi trabajo ministerial. Quiero agradecer a los hombres que han sido miembros de mis Grupos de Amistad de Cursillo en Ocala, Fl., Greenville, SC, Hendersonville, NC, y Mountain Hill Community Church. Quiero agradecer a mi querido amigo Joseph Galloway, quien es el autor de *La Puerta Rota*. Joe me animó a escribir este libro.

Quiero agradecer a Bob Lange y a Bob Dylewski por ayudarme a formular el formato del retiro Bendito, Roto y Asustado. Quiero dar las gracias a la Junta Directiva de Broken Door Ministries, que ha ofrecido amablemente su tiempo para hacer posible este ministerio. Quiero agradecer a Annie Coletta por su ayuda inicial con la edición y el formato. Quiero agradecer a mis amigos que revisaron mi primer manuscrito y ofrecieron sus sugerencias constructivas. Quiero agradecer a Pablo Suchsland por su ayuda con la traducción al español de este libro. Quiero dar las gracias al pastor Lee Noris de la Mountain Hill Community Church por las innumerables horas que hemos pasado discutiendo los aspectos ecuménicos de este mensaje y de nuestra fe. Quiero agradecer especialmente al P. Nick Mormando por sugerirme que hiciera el retiro que cambió mi vida y al P. Martin Schratz, que ha sido mi pastor, consejero espiritual, confesor y amigo. Finalmente, quiero dar gracias y alabar a mi Señor y Salvador Jesucristo por derramar su abundante amor y misericordia sobre mí cada día.

INTRODUCCIÓN

Tengo que agradecer a muchas personas su ayuda y apoyo durante el tiempo que escribí este libro. Comienzo agradeciendo a mi esposa e hijos, quienes me apoyan y afirman en mi trabajo ministerial. Quiero agradecer a los hombres que han sido miembros de mis Grupos de Amistad de Cursillo en Ocala, Fl., Greenville, SC, Hendersonville, NC, y Mountain Hill Community Church. Quiero agradecer a mi querido amigo Joseph Galloway, quien es el autor de La Puerta Rota. Joe me animó a escribir este libro.

En la quietud de la noche, en la capilla del segundo piso de la Casa Magnificat, situada a orillas de la bahía de Tampa, con el único y silencioso sonido de las olas que bañan la costa. Dios habló claramente a mi corazón. *"Brian, si te quieres sanar, tienes que decirle a alguien que estás roto"*. Estas palabras cambiaron mi vida para siempre. En este libro, intentaré explicar por qué.

Déjame que te haga algunas preguntas muy personales. ¿Tienes algún área de quebrantamiento en tu vida que solo tú conoces? ¿Tienes algún secreto bien guardado? ¿Qué impacto tendría en ti si compartieras tu quebrantamiento con otros? ¿Qué impacto podría tener en ellos? ¿Cómo podría cambiar el mundo para Cristo el hecho de compartir tu quebrantamiento? Sí, es posible. Me esforzaré por explicar cómo el mensaje de Dios para mí puede cambiar tu vida también. Estoy convencido de que el mensaje que Dios puso en mi corazón ese día es también el mensaje que Él quiere poner en el tuyo. Espero que también cambie tu vida.

Bendito, roto y asustado puede parecer un título extraño. Espero que al leer este libro, descubras que este título no es tan extraño como parece a primera vista. Mi objetivo es utilizar las palabras para dibujar una imagen para ti , como el famoso mural de "La última cena" de Leonardo da Vinci situado en el interior del monasterio de Santa Maria delle Grazie de Milán. Durante la cena, como se relata en los evangelios, Jesús realizó cuatro acciones sencillas pero muy profundas. Y de lo que contienen esas acciones y de nuestra propia reacción a ellas es de lo que trata este libro. Exploraremos las implicaciones de cómo la Última Cena nos desafía a vivir nuestras vidas de tal manera que realmente nos convirtamos en el sagrado alimento de Jesucristo para las personas perdidas y rotas del mundo, para aquellas personas que están hambrientas de recibirlo.

Escribir este libro me llevó casi cinco años. Aprender a escribir me llevó toda una vida. Y esta historia que vas a leer recapitula mi viaje de fe. Mi sincera esperanza es que descubras algunas cosas que te ayuden a ver y entender el llamado de Dios en tu vida con mayor claridad. Me esforzaré por hacer ver que la verdadera comunidad cristiana es una parte esencial del plan de Dios para cada uno de nosotros. Pero el punto más importante que espero hacer es éste: mientras sigamos siendo personas rotas y asustadas, no llegaremos a ser el pueblo eucarístico que Dios quiso que fuéramos.

Si queremos llegar a ser un pueblo eucarístico, tenemos que entender el significado de la Eucaristía. La palabra Eucaristía proviene de la palabra griega *eucharistia*, que significa acción de gracias. A lo largo de este libro, exploraremos lo que significa *"ser"* un pueblo de acción de gracias.

Para que quede claro, estoy escribiendo este libro para todos los cristianos. Aunque la palabra Eucaristía es utilizada principalmente por los católicos, no dejes que eso te preocupe en este momento. La comida eucarística -esta comida de acción de gracias- también se conoce comúnmente como "La Cena del Señor" o simplemente "Comunión". Utilizaré todos estos términos indistintamente a lo largo de este libro.

Me doy cuenta de que no todos los cristianos comparten un punto de vista común sobre esta comida de acción de gracias. Mientras que muchos cristianos profundamente fieles creen en la presencia real del cuerpo y la sangre de Cristo en forma de pan y vino consagrados, otros cristianos igualmente fieles ven esta comida como una presencia simbólica o espiritual de nuestro Señor.

Sin embargo, con respecto a cada punto de vista, la premisa subyacente permanece constante. De la misma manera que los católicos creen que el pan y el vino se transforman en el cuerpo y la sangre de nuestro Señor, todos los cristianos, independientemente de nuestras afiliaciones religiosas, están llamados a su propia transformación. Y a través de esta conversión, se nos desafía a ser Cristo para los demás.

Los judíos comieron el regalo del maná celestial para sobrevivir a su viaje por el desierto. Reflexionemos sobre cuánto más vivificante puede ser en nuestras propias travesías por el desierto que ser alimentados por el don de nuestro Señor a través de su pueblo. Estamos llamados a ser Cristo para los demás para que, como comida eucarística para ellos, puedan alimentarse de Él y llegar a creer en el Hijo de Dios, Jesús. Y ellos también pueden tener vida eterna. Qué privilegiados y agradecidos estamos de compartir esta comida de acción de gracias.

En Mateo 26,26 se dice: *"Mientras comían, Jesús tomó el pan, pro-*

nunció la bendición, lo partió y, dándolo a sus discípulos, dijo: "Tomad y comed, esto es mi cuerpo". Con esta acción, Jesús instituyó la primera comida eucarística. El pan fue tomado, bendecido, partido y compartido. Este libro y su mensaje se basan en la importancia de estas cuatro palabras.

Espero sinceramente que, a medida que vayas leyendo las palabras que he escrito, aprendas que tú también eres tomado por Dios, bendecido por Dios, partido y creado por Dios para ser compartido. Cuando no cumplimos con esto, dejamos de ser el pueblo eucarístico que nuestro Dios nos llama a ser.

Comprender y asumir nuestro propio quebranto es una parte muy importante de nuestro camino cristiano. Sin embargo, si nunca avanzamos más allá de esta autoconciencia, nuestra introspección no es más que un ejercicio inútil de mirarse el ombligo. Si nunca avanzamos más allá de nuestra propia introspección, no nos convertiremos en un pueblo eucarístico. Por el contrario, seguiremos siendo BENDITOS, ROTOS y ASUSTADOS. Bendito, roto y asustado no es la Eucaristía.

Decidí llamar a este libro *Bendito, Roto y Asustado* porque, lamentablemente, es aquí donde muchos de nosotros estamos atascados. Si queremos ser comunión para los demás, debemos pasar por una conversión para convertirnos en un pueblo Bendecido, Roto y COMPARTIDO.

Emprendamos juntos un viaje para ver cómo podemos convertirnos en el pueblo eucarístico que Dios nos llama a ser.

LA
PUERTA
ROTA

AUTOCONOCIMIENTO

En su libro de confesiones, San Agustín escribió: "Señor, déjame conocerme a mí mismo; déjame conocerte a ti".[1] Este doble conocimiento, como a veces se denomina, puede ser una parte importante de la experiencia de conversión cristiana. Dado que la conversión cristiana es un viaje progresivo a lo largo de la vida, deberíamos hacernos estas dos preguntas con regularidad para evaluar nuestro progreso:

¿Qué me ha revelado Dios sobre mí esta semana que no conocía antes?

¿Qué me ha revelado Dios sobre Él esta semana que no conocía antes?

Buscar las respuestas a estas preguntas nos ayudará a ver si estamos progresando como cristianos. Es importante, sin embargo, que tengamos en cuenta que no podemos quedarnos solo con el conocimiento. No, estamos llamados a mucho más que el conocimiento de uno mismo y el conocimiento de Dios. Como cristianos, estamos llamados a ser personas de acción. Este libro pretende ayudarte con tu propia introspección personal para que puedas utilizar ese conocimiento para provocar un cambio en tu propia vida y en la de los demás.

Hace unos años, mi parroquia, la Parroquia de la Inmaculada Concepción en Hendersonville, Carolina del Norte, adoptó una nueva misión parroquial. Fíjate que he escrito *misión*, no *declaración de misión*. Los líderes de la parroquia sentían que las declaraciones de la misión de la parroquia a menudo solo residían en el papel. Los líderes querían una misión que viviera en el corazón de cada miembro de la parroquia. Tras nueve meses de trabajo y con la guía del Espíritu Santo, dieron a luz esta misión: *Somos una comunidad católica alegre, de discípulos de Jesucristo, movidos por el amor para buscar a los perdidos y rotos y llevarlos a casa.* En consonancia con el espíritu ecuménico en el que está escrito este libro, me gustaría proponer la ampliación de esta misión a: *Somos una comunidad cristiana alegre, de discípulos de Jesucristo, movidos por el amor para buscar a los perdidos y rotos y llevarlos a casa.* Espero que estés de acuerdo conmigo en que ésta podría y debería ser la misión de todas las iglesias cristianas y, por tanto, también nuestra misión personal.

Esta misión es un buen punto de partida. La misión plantea la pregunta: ¿quiénes son esas personas perdidas y rotas? ¿Es posible que nosotros (sí, tú y yo) seamos esas personas perdidas y rotas? Al principio, los miembros del comité de mi parroquia, encargados de crear esta misión, se inclinaban a pensar que las personas perdidas y rotas estaban fuera de las puertas de la iglesia. Pronto se hizo evidente que la frase "perdidos y rotos" incluía a todos, tanto a los que estaban dentro como a los que estaban fuera de las puertas. Esperemos que, a medida que vayas avanzando en este libro, empieces a verte incluido en la frase "gente perdida y quebrantada". Esto es, si no es ya claramente evidente para ti.

Se nos desafía a comprender que estamos llamados a buscar a los perdidos y rotos y, al mismo tiempo, a reconocer que nosotros también estamos perdidos y rotos. Estamos llamados a buscar a los demás mientras aceptamos la realidad de que nosotros mismos necesitamos ser buscados y encontrados.

El 16 de agosto de 1905, The London Daily News invitó a destacados filósofos a escribir un ensayo que abordara esta única pregunta: "¿Qué le pasa al mundo de hoy?" G. K. Chesterton respondió con una respuesta absolutamente profunda. Aquí está la esencia de lo que tenía que decir:

En un sentido, y que es el sentido eterno, la cosa está clara. La respuesta a la pregunta "¿Qué es lo que está mal?" es, o debería ser, "Yo estoy mal". Hasta que un hombre pueda dar esa respuesta su idealismo es solo un pasatiempo".[2]

G. K. Chesterton

Chesterton tuvo la perspicacia de ver que los problemas del mundo no eran causados por todos los demás. Sabía que cada persona tenía alguna culpa en los problemas colectivos del mundo.

Es de vital importancia que cada uno de nosotros examine y reconozca su papel en la ruptura colectiva del mundo. A continuación, explicaré mi punto de vista sobre cómo nuestro quebrantamiento puede ser también una parte importante de la solución. Pasar de ser un pueblo roto a un pueblo eucarístico es el proceso de conversión que estamos llamados a emprender.

¿Estás preparado para empezar?

EL SÍNDROME DE ADÁN Y EVA

Voy a preparar el escenario para lo que será un tema a lo largo de este libro con una pequeña y sencilla historia. Se trata de la historia del pequeño Juanito y las galletas.

La madre de Juanito acababa de hornear unas galletas de chocolate frescas. El aroma de esas galletas se extendía por toda la casa cuando el pequeño Juanito entró saltando en la cocina. La madre de Juanito acababa de poner la última galleta en el tarro de galletas. Tenía otras tareas que hacer en otra habitación de la casa, así que le dijo a Juanito: "Juanito, no te metas en estas galletas".

Con eso, salió de la cocina, dejando a Juanito precariamente solo con las tentadoras galletas.

¿Qué crees que hizo Juanito? ¿Crees que Juanito se metió en esas galletas? Por supuesto que sí. Poco después, la madre de Juanito volvió a entrar en la cocina y se dio cuenta de que el tarro de galletas estaba destapado. Se dirigió a Juanito con estas palabras: "Juanito, ¿te has metido en estas galletas?"

Juanito respondió: "No, mamá, no me he metido en las galletas".

Preguntando más severamente la segunda vez, la madre de Juanito dijo: "Juanito, ahora no me mientas. ¿Te has metido en estas galletas?"

Mirando a su madre, Juanito dijo: "Mi hermana Sally dijo que podía comer una".

Aún más severa, la mamá de Juanito hizo su pregunta por última vez: "Juanito, ¿---- te---- comiste una--- de--- las--- galletas?".

Mirando a su madre con ojos tristes de cachorro, Juanito dijo: "¡Sí, mami, pero no lo volveré a hacer!".

¿Alguien cree que ésta será la última vez que el pequeño Juanito robe una galleta del tarro de las galletas? La naturaleza humana me dice que Juanito robará muchas más galletas en su futuro.

¿Por qué te he contado esta historia? Lo hice porque la historia describe lo que yo llamo el síndrome de Adán y Eva. ¿Qué quiero decir con eso? Echemos un vistazo al Jardín del Edén de Génesis 3:1-13

Pero la serpiente era astuta, más que todos los animales del campo que Jehová Dios había hecho; la cual dijo a la mujer: ¿Conque Dios os ha dicho: No comáis de todo árbol del huerto? Y la mujer respondió a la serpiente: Del fruto de los árboles del huerto podemos comer; pero del fruto del árbol que está en medio del huerto dijo Dios: No comeréis de él, ni le tocaréis, para que no muráis. Entonces la serpiente dijo a la mujer: No moriréis; 5 sino que sabe Dios que el día que comáis de él, serán abiertos vuestros ojos, y seréis como Dios, sabiendo el bien y el mal. Y vio la mujer que el árbol era bueno para comer, y que era agradable a los ojos, y árbol codiciable para alcanzar la sabiduría; y tomó de su fruto, y comió; y dio también a su marido, el cual comió así como ella. Entonces fueron abiertos los ojos de ambos, y conocieron que estaban desnudos; entonces cosieron hojas de higuera, y se hicieron delantales.

Y oyeron la voz de Jehová Dios que se paseaba en el huerto, al aire del día; y el hombre y su mujer se escondieron de la presencia de Jehová Dios entre los árboles del huerto. Mas Jehová Dios llamó al hombre, y le dijo: ¿Dónde estás tú? Y él respondió: Oí tu voz en el huerto, y tuve miedo, porque estaba desnudo; y me escondí. Y Dios le dijo: ¿Quién te enseñó que estabas desnudo? ¿Has comido del árbol del que yo te mandé no comieses? Y el hombre respondió: La mujer que me diste por compañera me dio del árbol, y yo comí. Entonces Jehová Dios dijo a la mujer: ¿Qué es lo que has hecho? Y dijo la mujer: La serpiente me engañó, y comí.

¿Puedes ver las similitudes entre la historia del pequeño Juanito y las galletas y la historia de Adán y Eva en el Jardín del Edén? Tanto el pequeño Juanito como Adán y Eva desobedecieron lo que se les dijo que hicieran. Cuando se les confrontó con su fechoría, Juanito trató de ocultar la verdad, y Adán y Eva trataron de ocultarse a sí mismos. Cuando se les pidió una explicación, Juanito y Adán y Eva trataron de culpar a alguien más. Finalmente, todos reconocieron la verdad, pero sabemos que ésta no fue la última vez que Juanito ni Adán y Eva desobedecieron.

El síndrome de Adán y Eva es así:

Hacer algo malo

Ser atrapado

Culpar a otra persona

Admitir la verdad

Prometer no volver a hacerlo

¡HACERLO DE NUEVO!

¿Te suena este síndrome en tu propia vida? ¿Hay cosas que has hecho mal y luego prometiste a Dios que no volverías a hacer, solo para hacer esa misma cosa una y otra vez? Creo que es seguro suponer que desde Adán y Eva, todos los seres humanos han caído en esta trampa.

Ahora déjame pedirte un momento de honestidad. Si eres católico, ¿te ocurre que cada vez que vas a recibir el Sacramento de la Reconciliación, te encuentras confesando el mismo pecado? Si no eres católico, ¿te encuentras sentado en la tranquilidad de tu casa mirando hacia el cielo y diciendo: "Sí, Dios, lo hice de nuevo"?

Una vez le dije a mi confesor: "Mejor grabo mi confesión en un CD y se lo envío por correo una vez al mes, porque parece que siempre tengo los mismos pecados que confesar".

Creo que cada uno de nosotros es muy consciente de lo que nos cuesta en la vida. ¿Te gustaría descubrir un método para romper el hábito, o al menos reducir la frecuencia de tu pecado recurrente? Espero poder demostrarte con éxito que puedes encontrar la libertad y la curación de los pecados que te tienen encadenado. Yo lo he hecho.

Como verás en capítulos posteriores, admitir nuestro quebranto es el primer paso.

EL LAGARTO

En 2 Corintios 12:9 está escrito: *"Pero él me dijo: 'Te basta mi gracia, porque la fuerza se perfecciona en la debilidad'. Más bien me gloriaré con gusto de mis debilidades, para que el poder de Cristo habite en mí".*

Es cierto que somos personas débiles. Como dice San Pablo en Romanos 7:15-20, hacemos las cosas que no queremos hacer. Como acabamos de leer en el capítulo anterior, prometimos no hacerlo, pero lo volvemos a hacer. A menudo, parece que nos sentimos muy cómodos en nuestro pecado recurrente.

La Biblia nos dice: *"Todos han pecado y están privados de la gloria de Dios".* (Romanos 3:23) El pasaje anterior nos dice que el poder de Dios se perfecciona a través de nuestra debilidad. En su libro *El gran divorcio*, C.S. Lewis utiliza algunos personajes interesantes para describir metafóricamente cómo Dios puede obrar a través de nuestra debilidad.

En su relato, un tanto extraño, hay un autobús que viaja por el infierno de camino al cielo. Los personajes del autobús son figuras que parecen fantasmas. Son transparentes. El simbolismo de un lagarto en el hombro de un fantasma se utiliza para representar el pecado recurrente en nuestras vidas.

Uno de los fantasmas, de pie a las puertas del cielo, tiene un lagarto rojo con una cola que se mueve en su hombro. El lagarto le susurra al oído cuando se acerca un ángel. El fantasma intenta callar al lagarto sin éxito. A pesar de que se le dice que se calle, el lagarto sigue susurrando incesantemente al oído del fantasma. El fantasma comprende que no puede entrar en el Cielo con el lagarto susurrándole tentaciones.

Un ángel se acerca al fantasma y le pregunta si puede hacer callar al lagarto. El fantasma dice que sí. El ángel se adelanta y dice: *"Entonces lo mataré"*. El fantasma responde diciendo: *"Al principio no dijiste nada de matarlo. No quería molestarte con algo tan drástico"*.[3]

Verás, con los años, el fantasma y el lagarto se habían hecho amigos. Habían estado juntos durante mucho tiempo. Ten en cuenta que el lagarto representa el pecado recurrente en la vida del hombre. A pesar de su larga amistad, el fantasma realmente quiere entrar en el cielo. El ángel no puede matar al lagarto sin el permiso expreso del fantasma. Finalmente, éste permite a regañadientes que el ángel mate al lagarto.

Lewis describe algo muy importante en este punto de su historia. Describe magistralmente la matanza del lagarto como un proceso doloroso. El fantasma teme que él también pueda morir cuando las manos ardientes del ángel maten al lagarto. ¿No es así como nos sentimos a veces cuando tratamos de romper con nuestra recurrente pecaminosidad? Nos apegamos tanto a nuestros pecados favoritos, que tratar de liberarnos de ellos puede ser un proceso bastante doloroso.

Como el permiso está concedido, el ángel se adelanta para matar al lagarto. El fantasma soporta de buen grado el dolor. De repente, la figura del fantasma se transforma en un joven fuerte, y el lagarto se transforma en un magnífico semental blanco plateado con crines y cola de oro. El joven salta sobre el semental y juntos cabalgan hacia la tierra celestial.

C.S. Lewis nos ha pintado magistralmente una escena en la que el pecado recurrente del fantasma, el lagarto, se transforma en un semental blanco que el hombre monta hacia la montaña de Dios. ¿Será posible que, al admitir y afrontar nuestro quebranto, podamos, de hecho, descubrir el semental que Dios ha preparado para que cabalguemos hacia el Cielo? Más adelante, explicaré cómo puede ocurrir eso.

PRIMER EJERCICIO

EL EJERCICIO DEL PAPEL MORADO

During the retreats, I stop and invite the participants to take part
Durante los retiros, me detengo e invito a los participantes a participar en un pequeño ejercicio. Quiero invitarte a ti también a participar. Por favor, no te saltes este importante paso. El libro perderá su sentido si no lo haces. Se trata de un ejercicio muy importante al que me referiré a lo largo del libro.

Por favor, busca un pequeño trozo de papel morado de 3 por 5 pulgadas. Si no puedes encontrar un papel morado, qué tal una ficha y escribe la palabra Morado en la parte superior de tu papel para que sepas a qué me estoy refiriendo mientras recorremos el resto del libro. También hay una tarjeta en la última página del libro que puedes recortar y utilizar para este ejercicio.

Te voy a pedir que escribas algunas cosas en ambas caras del papel. Es importante que solo escribas en la primera cara hasta que te indique que le des la vuelta al papel y escribas en la segunda.

Papel Morado	(Espalda)

Por motivos de privacidad, ésta es tu oportunidad de desarrollar tu propia forma de jeroglífico encriptado. Debido a la sensibilidad de las respuestas que vas a registrar, te animo a que escribas tus respuestas de forma que signifiquen algo para ti pero no para nadie más que pueda tropezar y leer tu papel.

Si tu respuesta es afirmativa a alguna de las siguientes preguntas, anótala en la primera cara de tu papel.

¿Hay alguien en tu vida a quien te cueste perdonar?

¿Estás luchando con el dolor causado por la muerte de un familiar o amigo?

¿Es la soledad algo con lo que luchas?

¿Los problemas de salud, propios o de alguien cercano, te agobian y te provocan ansiedad o miedo?

¿Tienes problemas matrimoniales?

¿Tienes problemas familiares?

¿Tienes dificultades económicas?

¿Has tenido que soportar abusos en tu vida? (acoso físico, sexual, verbal)

¿Existen otros problemas que te agobien y que estén fuera de tu control y no son causados por ti?

Ahora, por favor, voltea tu papel a la **segunda cara.** Ésta será probablemente una respuesta difícil y quizás dolorosa de escribir.

¿Cuál es el pecado o los pecados habituales que se repiten en tu vida y que más te agobian y de los que luchas constantemente por liberarte?

Quiero hacer una distinción importante. No te estoy pidiendo que escribas tu peor pecado de la historia ni algún(os) pecado(s) de tu pasado que no puedas olvidar. Quiero específicamente que registres el/los pecado(s) que si lo/los confiesas hoy, pronto volverás a confesar el/los mismo(s) la próxima vez. ¿Cuál es/son el/los pecado/s que se repiten en tu vida y enturbian tu relación con Dios?

Ahora, por favor, coloca tu papel en un lugar seguro. ¿Puedo sugerirte que utilices tu papel morado como marcador? En cualquier caso, querrás guardarlo hasta que hayas terminado de leer este libro.

RECALCULAR LA RUTA

¿Has conducido tu coche y confiado en el GPS para llegar a tu destino o has viajado en un coche con otra persona que confiaba en el GPS? Si es así, déjame plantear esta pregunta: Si estás conduciendo y tu GPS te dice que tienes que girar a la derecha, pero no lo haces y sigues recto, ¿qué te dice tu GPS que hagas? El mío me dice que gire en U si es posible. Si no consigues hacer un giro en U y no tienes en cuenta que el GPS te ha dicho que gires a la derecha, ¿qué dirá el GPS a continuación? El mío dice: "Recalculando la ruta".

Teniendo en cuenta este breve repaso a las instrucciones de navegación del GPS, quiero compartir contigo una historia personal. Antes de contar la historia, permíteme darte un poco de información de fondo.

Crecí en la pequeña ciudad de Norwalk, Ohio. Soy alguien a quien comúnmente se le llama "católico de nacimiento". Fui bautizado en una iglesia católica y he sido católico durante toda mi vida. Asistí a 12 años de escuela católica en la escuela católica de San Pablo en Norwalk.

Siempre me sentí cerca de nuestro Señor, y mi fe católica fue importante para mí incluso desde una edad muy temprana. Ya desde el octavo grado, comencé a sentir un tirón en mi corazón para investigar la posibilidad de asistir al Seminario del Espíritu Santo, el seminario católico de la escuela secundaria en Toledo,

Ohio. Yo, junto con algunos de mis amigos, nos metimos en una camioneta y una de las madres nos llevó en nuestro viaje de 60 millas para investigar este seminario. Incluso a esa edad, mientras visitaba el seminario, sentí que Dios me llamaba al sacerdocio y que debía asistir a ese instituto. Aunque sentí este llamado, decidí ignorarlo y terminé mis cuatro años de escuela secundaria en San Pablo, en mi ciudad natal.

En el último año de la escuela secundaria, seguía sintiendo el llamado de Dios a seguir el sacerdocio. Pasé el verano de 1975, inmediatamente después de mi último año, visitando a otros sacerdotes y discerniendo este llamado.

Antes de contarte el resultado de mi discernimiento, debo retroceder un poco y completar un detalle importante. En mi segundo año, empecé a salir con una chica que, en ese momento, era de primer año. Continuamos saliendo juntos durante mis años de escuela secundaria.

Ahora, volvamos a mi discernimiento. Estaba bastante seguro de que Dios me llamaba a la vida ordenada del sacerdocio. Eso significaba que tenía que romper la relación con mi novia. Así que lo hice. Pero eso no duró mucho.

Poco después de romper y de decir a mis amigos y a mi familia que quería entrar en el seminario, di marcha atrás. Tomé la decisión de que no podía imaginarme la vida sin mi novia. Tomé mi decisión e ignoré el llamado de Dios. Decidí no ir al seminario, y poco después, volví a salir con esta misma chica. Nos casamos apenas dos años después. Eso fue hace 44 años, y seguimos felizmente casados hasta el día de hoy.

Bien, con todo eso como telón de fondo, profundicemos en mi historia. Mencioné que en noviembre de 2011, tuve la suerte de tener la oportunidad de ir a un retiro de silencio de ocho días en un lugar llamado la Casa de Oración. Estaba dirigido por las Siervas Marianas de la Divina Providencia en Clearwater, Florida. Éste iba a ser un retiro ignaciano silencioso.

Un retiro ignaciano es una experiencia intensa y estructurada basada en las enseñanzas de San Ignacio. Durante más de 400 años, multitudes han sido bendecidas a través de las meditaciones, oraciones y diversos ejercicios escritos por San Ignacio de Loyola. Cada participante en el retiro es guiado por un Director Espiritual, que le asigna escrituras para rezar y meditar sobre diversos temas, como el amor de Dios, la misericordia y nuestra vocación de servicio.

Ya te he contado lo que experimenté en la tercera noche, pero ahora déjame compartir un poco más. La segunda noche del retiro, estaba arrodillado solo en la pequeña capilla junto a mi habitación del segundo piso de la Casa Magnificat. Eran alrededor de las 3:00 A.M. Justo delante de mí había un Tabernáculo que contenía hostias consagradas, que nosotros como católicos creemos que es la verdadera presencia de Jesucristo en forma de pan. En este inquietante silencio, mientras estaba sumido en la oración, de repente sentí que Dios me hablaba directamente al corazón. Aunque no oí su voz audible, sus palabras fueron bastante palpables para mi alma. Esto es lo que escuché: *"Brian, si alguna vez te preguntaste si realmente te estaba llamando al sacerdocio hace tantos años, ¡lo estaba haciendo!"*.

Continuó diciendo: *"Para que quede claro, elegiste el sexo antes que a Mí"*.

En un instante supe lo que Dios quería decir. En 1975, durante mi contemplación del sacerdocio a la edad de 18 años, no me sentía capaz de aceptar el voto sacerdotal de celibato. Ésa es y fue mi principal razón para dar la espalda al llamado de Dios en aquel momento de mi vida. Su palabra cortó el silencio como un cuchillo mientras me arrodillaba en oración. Me conmovió hasta las lágrimas.

Sin embargo, Dios no me dejó en la desesperación. Siguió hablando a mi corazón. Esto es lo que escuché después: *"Brian, aunque rechazaste mi llamado, te he bendecido abundantemente a lo largo de tu vida. Te he bendecido con una maravillosa esposa, siete hijos, dos de los cuales están conmigo en el Cielo, y cinco que dejé a tu cuidado, te he bendecido con una carrera exitosa, buenos amigos, buena salud y una profunda fe. Pero Brian, no te equivoques, ¡TODAVÍA TE LLAMO!"*.

En ese momento, mi vida estaba a punto de cambiar para siempre. Sabía que Dios tenía razón. De hecho, me había llamado al sacerdocio; me lo acababa de reafirmar. También supe que Él había bendecido abundantemente mi vida. En ese momento, Dios se convirtió en mi GPS. Lo que escuché en la quietud de esa noche a orillas de la Bahía de Tampa en esta hermosa Casa de Oración fue *"recalcular la ruta"*.

Sabía que no había atendido su llamado en 1975; esta vez, en 2011, no iba a cometer el mismo error de nuevo. Rompí la tranquilidad de la noche respondiendo espontáneamente al llamado de Dios con estas palabras de una canción que había cantado muchas veces en mi camino cristiano. Dije: *"Aquí estoy Señor, soy yo Señor, te he oído llamar en la noche. Iré Señor, si me guías, llevaré a tu pueblo en mi corazón"*.

Esta experiencia me tranquilizó bastante porque Dios no se dio por vencido después de un solo llamado. Dios no nos abandona cuando nos equivocamos de camino en la vida. Simplemente recalcula nuestra ruta.

Tenía 54 años cuando fui a este retiro. Por lo tanto, se puede decir que durante 54 años, fui yo quien habló. Durante los ocho días de este retiro en silencio, por fin le di a Dios la oportunidad de hablar mientras yo escuchaba. Él tenía mucho que decir. Escribiré más sobre mi experiencia en La Casa de Oración en capítulos posteriores, pero por ahora, déjame reiterar que fue una experiencia que cambió mi vida.

Quiero preguntarte, ¿ha habido alguna vez en tu vida en la que hayas rechazado el llamado de Dios?

PARÁBOLA DE
LA PUERTA ROTA

Sin saberlo, Dios ya había empezado a poner en marcha los cambios que iban a ocurrir durante ese retiro de silencio. Un par de meses antes del retiro, respondí al impulso del Espíritu Santo de escribir un breve correo electrónico inspirador a 15 hombres que conocía de la iglesia. No tenía idea de que esto pronto se convertiría en un evento semanal - ahora más de 500 mensajes, alabado sea Dios. Llamo a estos mensajes *Cartas del Cuarto Día.* Por la gracia de Dios, son leídos en todo el mundo por cristianos de muchas denominaciones.

Uno de esos mensajes semanales fue como ningún otro. Fue el único mensaje que me inspiró a escribir en forma de parábola.

En la frescura de una mañana primaveral, con las estrellas brillantes iluminando el cielo claro, me metí en mi bañera de hidromasaje en nuestra terraza trasera. Tenía literalmente una pierna dentro del jacuzzi y otra fuera. De repente, todo el mensaje de lo que se conocería como la *Parábola de la Puerta Rota* inundó mis pensamientos. Recuerdo que dije: "Señor, no dejes que me olvide de esto antes de secarme y dirigirme a mi computadora". Lo que sigue a continuación es el mensaje que me inspiró a escribir.

La parábola de la puerta rota

Llevabas varios años buscando la casa perfecta en las montañas.

Ese día, te sentaste en el asiento del copiloto mientras el agente inmobiliario conducía por una sinuosa carretera de grava llena de baches y maleza hacia una casa solitaria en la cima de la montaña. Estaba situada en el extremo de un acantilado. De un vistazo, se podía ver que la casa estaba abandonada. Estaba sin pintar y las persianas se estaban cayendo. El porche delantero se estaba pudriendo y la puerta estaba rota.

La casa estaba situada de manera que ocultaba completamente la vista hacia la parte trasera de la vivienda. Debido a la forma irregular del borde del acantilado, no había forma de rodear la casa. Para llegar a la parte trasera de la casa había que atravesarla. Por supuesto, esto significaba entrar por la desvencijada puerta principal.

Te preguntaste por qué el agente te trajo a este lugar olvidado de la mano de Dios mientras subías sigilosamente los inestables escalones de madera. La puerta de entrada, rota, chirrió cuando la abriste lo justo para entrar en la casa. Esta casa estaba claramente en un estado horrible. Había telarañas y excrementos de ratón esparcidos por toda la casa. El polvo flotaba en el aire viciado. La pintura desconchada goteaba de las paredes.

Cuando se dirigió a la parte trasera de la casa, quedó desconcertado. Una luz brillante brillaba desde el exterior de la parte trasera de la casa. En la parte trasera del mugriento salón, viste una majestuosa puerta de rica caoba y una ventana de cristal emplomado cortada con tanta perfección que parecía amplificar la luz que la atravesaba. Saliste de la destartalada casa a través de esta hermosa puerta al porche trasero.

A diferencia de la parte delantera, el porche trasero estaba en perfecto estado. La madera recién pintada era de un blanco brillante. Dos cálidas y acogedoras mecedoras daban al este, con vistas al acantilado. Un toque de hoja perenne estaba en el aire fresco. La vista que no era visible desde la parte delantera de la casa era espectacular desde el porche trasero. Contemplando el valle, el horizonte se extendía hasta la eternidad. El río de abajo conducía a una impresionante cascada. Los pájaros planeaban en las corrientes ascendentes, y se oían las risas de los niños y las campanas de las iglesias. Era como si miraras por encima de toda la creación. De hecho, en ese momento, te preguntaste si habías vislumbrado al mismísimo Dios. Sin dudarlo, le dijiste al agente que comprarías esa casa.

Eso fue hace muchos años. Atraído por la perfecta belleza de la puerta trasera y la brillante luz que entraba por ella, has pasado años trabajando en los espacios principales de la casa. Has pintado, reparado y arreglado las cosas para que los invitados puedan disfrutar de las vistas de la parte trasera de la casa y experimentar la luz, la belleza y el asombro. Con el paso del tiempo, las pruebas de tu duro trabajo empiezan a verse.

Sin embargo, la parte delantera de la casa sigue teniendo un aspecto horrible. Los invitados siguen teniendo que conducir por el mismo camino lleno de baches y maleza. La puerta de entrada sigue rota y el jardín descuidado. No te has tomado el tiempo de arreglar la fachada porque sabes que lo que hay dentro es mucho más importante. Que tus invitados tengan que entrar por la puerta rota es algo incómodo; aun así, sabes la belleza de lo que les espera dentro y fuera.

Explicación de la parábola

Amigos, ¡somos la puerta rota! Todos necesitamos una reparación. Tal vez nuestra puerta solo necesite que se aceiten las bisagras. Tal vez haya que cepillar para que encaje en el marco de la puerta ahora que la casa se ha asentado con los años. Tal vez tenga algunos puntos podridos que necesiten masilla, lijado y repintado. No importa lo que necesite, puede abrirse incluso en su estado roto.

El interior de la casa es nuestro corazón, alma y mente. Estas son las áreas que primero tenemos que reparar para hacerlas atractivas a los invitados que invitamos a entrar.

Nuestros invitados son las personas con las que nos encontramos cada día. Todas las personas con las que nos encontramos en todos los entornos en los que vivimos -en casa, en el trabajo y en nuestra comunidad- pueden ver por nuestras acciones y nuestras palabras lo que hay en nuestros corazones.

Esa magnífica, hermosa y perfecta puerta trasera es Jesucristo, nuestro Salvador. Y la vista desde la puerta trasera es la vista de Dios. La única manera en que podemos llegar a Dios es a través de la puerta de Jesucristo.

Como dije, la vista gloriosa se oscurece completamente a menos que uno entre por la puerta delantera rota. Aunque nuestra puerta chirría, tiene puntos podridos, y está fuera de escuadra, la gente todavía puede entrar en nuestra casa y experimentar el Cristo en nosotros. Al entrar, nuestros huéspedes experimentarán la calidez y el amor que hay en el interior. Rápidamente verán que has situado todo en tu casa alrededor de la luz de Jesucristo y que Jesús es la puerta que lleva a Dios.

Ahora viene la parte desafiante. No podemos, ni debemos esperar a que la puerta sea perfecta antes de invitar a otros a nuestra vida para que conozcan a Jesús que vive en nosotros. Que tenemos que trabajar en nuestra puerta es cierto. La intemperie y el deterioro de la puerta es el pecado en nuestra vida. La lluvia del egoísmo, el viento de las preocupaciones mundanas siempre golpearán nuestra puerta. Pero si esperamos la perfección, negaremos a otros la oportunidad de conocer a Jesús. Y es a través de Jesús que llevamos a otros a Dios. Jesús nos llama tal como somos, rotos, para que seamos la puerta por la que otros puedan entrar para encontrarse con Él.

Como resultado de esta parábola, me sentí impulsado a fundar Broken Door Ministries. A través de este ministerio, he tenido la bendición de escribir y hablar sobre el tema de la misericordia y el perdón de Dios y su llamado a nosotros, su pueblo roto, para convertirnos en un pueblo eucarístico. He descubierto que es a través de nuestra respuesta a este llamado que podemos encontrar la curación en nuestras propias vidas y provocar una curación similar en las vidas de los demás.

Con todo esto como telón de fondo y con el mensaje de la *Parábola de la Puerta Rota* como inspiración guía, me esforzaré ahora por guiarte a través del proceso de convertirte en Eucaristía para los demás. Nuestro viaje comienza en el siguiente capítulo, con el sencillo título, **Bendito**. El título puede ser sencillo, pero interiorizar y absorber el significado que hay detrás del título es un proceso que dura toda la vida.

BENDECIDO

EL AMOR INJUSTIFICADO DE DIOS

"Porque yo recibí del Señor lo que también os he enseñado: Que el Señor Jesús, la noche que fue entregado, tomó pan y habiendo dado gracias, lo partió, y dijo: Tomad, comed; esto es mi cuerpo que por vosotros es partido; haced esto en memoria de mí. Asimismo tomó también la copa, después de haber cenado, diciendo: Esta copa es el nuevo pacto en mi sangre; haced esto todas las veces que la bebiereis, en memoria de mí. Así, pues, todas las veces que comiereis este pan, y bebiereis esta copa, la muerte del Señor anunciáis hasta que él venga". 1 Corintios 11:23-26

Al igual que Jesús bendijo el pan y el vino, también nos ha bendecido a nosotros. Éste es uno de los capítulos más cortos, pero contiene el mensaje más importante: el mensaje eterno del amor de Dios por su pueblo.

"¿Cuál es la mayor bendición en tu vida?" ¿Cuál sería tu respuesta? Tal vez te sientas inclinado a responder que tu cónyuge, tus hijos, tus padres, tu comida, tu casa, tu salud o la vida misma. La realidad es que tenemos tantas bendiciones en nuestra vida que fácilmente pueden ser pasadas por alto o, peor aún, subestimadas. Sin embargo, si tuviéramos que elegir una sola bendición como la mayor de todas, ¿cuál sería?

Creo que hay dos aspectos del amor de Dios que están tan intrínsecamente entrelazados que se convierten en una sola bendición. Esas bendiciones son la **misericordia** y el **perdón**. Sin la misericordia y el perdón de Dios, todas las demás bendiciones serían temporales y se desvanecerían. Como pecadores, todos estamos destituidos de la gloria de Dios. Pero, en el centro de nuestra fe cristiana está nuestra comprensión de que nuestro Dios tiene un amor incondicional por nosotros. Creemos que Dios envió a su único Hijo para pagar el precio de nuestros pecados. Mediante su reparación en la cruz, nos devolvió al Padre y abrió de par en par las puertas de la vida eterna.

Nunca debemos perder de vista la realidad de que la misericordia y el perdón de Dios nos son dados gratuitamente. No son merecidos por nosotros, y somos completamente indignos de estas bendiciones.

La increíble bendición de la misericordia y el perdón de Dios se resume en estos pocos pasajes bíblicos.

El amor injustificado de Dios
Romanos 5:8: *Pero Dios demuestra su amor por nosotros en que, siendo aún pecadores, Cristo murió por nosotros.*

Busca a los perdidos
Lucas 19:10: *Porque el Hijo del Hombre ha venido a buscar y a salvar lo que estaba perdido.*

Se alegra por los salvados
Mateo 18:12-13: *"¿Qué opinas? Si un hombre tiene cien ovejas y una de ellas se extravía, ¿no dejará las noventa y nueve en el monte e irá en busca de la extraviada? Y si la encuentra, en verdad les digo que se alegra más por ella que por las noventa y nueve que no se extraviaron".*

Jesús nos da fuerza para superar nuestras debilidades
2 Corintios 12:9 *Y me ha dicho: "Te basta mi gracia, porque el poder se perfecciona en la debilidad".*

Él quiere que tengamos vida eterna
Juan 3:16: *Porque de tal manera amó Dios al mundo que entregó a su Hijo único, para que todo el que crea en él no perezca, sino que tenga vida eterna.*

Mi querido amigo, Cristo anhela hacer brillar la luz de su amor y misericordia en nuestros corazones para iluminar aquellos pecados que nos impiden acercarnos a Él. Su misericordia es más grande que nuestro mayor pecado y nuestros momentos más oscuros. En su libro *El nombre de Dios es misericordia*, el Papa Francisco afirmó una vez: **"Solo quien ha sido tocado y acariciado por la ternura de su misericordia conoce realmente al Señor".**[4] ¿Has sentido su tacto suave y su caricia tierna?

Quiero llamar tu atención sobre otro pasaje del libro del Papa Francisco, *El nombre de Dios es misericordia*. En este libro, el Papa Francisco se refiere a una historia que se encuentra en la novela de Bruce Marshall, *To Every Man a Penny*.[5]

HISTORIA DE UN
SOLDADO/SACERDOTE

Gastón, un joven sacerdote, necesita escuchar la confesión de un joven soldado alemán al que los franceses han capturado y condenado a muerte. El soldado confiesa su pasión por una mujer y las numerosas aventuras amorosas que ha tenido. Le dice al sacerdote que no está arrepentido de todo esto. El sacerdote le explica que debe arrepentirse para obtener el perdón y la absolución. "¿Cómo puedo arrepentirme? Fue algo que disfruté, y si tuviera la oportunidad, lo volvería a hacer".

El padre Gastón quería absolver a este hombre que estaba a punto de morir. **"¿Pero te arrepientes de no estar arrepentido?"**, preguntó.

El soldado pensó un momento y dijo: "Sí, siento no estar arrepentido". Sabía que debía lamentarse, pero por alguna razón, no lo hacía.

El joven sacerdote dijo: "Ésa es toda la apertura que necesita la misericordia de Dios". Y con eso, absolvió los pecados del hombre.

En este mismo libro, el Papa Francisco afirma lo siguiente: **"Dios está loco de amor por nosotros"**.[6]

Ahora, por unos momentos, imagina que Jesús toma su mano y la coloca sobre tu cabeza, y una gota de la sangre que fue derramada en el Calvario comienza a bañarte. Cubre todo tu ser. Jesús te dice estas palabras: *"¡Te perdono!"*. Continúa diciendo: *"He muerto en la cruz para pagar el precio de tus pecados"*. Amigo mío, Jesús anhela perdonarte. ¿Se lo permitirás?

Al llegar al final de este capítulo, reflexionemos sobre el padre de la parábola del hijo pródigo. Éste es el relato de Lucas 15:20: *"Entonces se levantó y volvió a su padre. Cuando aún estaba lejos, su padre lo vio y se compadeció de él. **Corrió hacia su hijo**, lo abrazó y lo besó"*. Siempre me llama la atención el hecho de que el padre corriera hacia el hijo para abrazarlo, incluso antes de que éste tuviera la oportunidad de pronunciar una sola palabra de su planeada disculpa.

Al igual que el padre de la historia, nuestro Padre Celestial espera con paciencia y amor que seamos conscientes de nuestros pecados y nos alejemos de ellos. Anhela que volvamos a casa con Él. Cuando lo hagamos, correrá a abrazarnos y derramará su misericordia sobre nosotros.

MEDITACIÓN MUSICAL

Soy un gran fan de la música. Ciertas canciones tienen una forma de tocar mi alma. Destacaré varias canciones a lo largo de este libro para hacer hincapié en el mensaje del momento. Creo que si escuchas estas canciones, sus poderosas letras te ayudarán a retener el mensaje del libro.

Como primera sugerencia, te animo a que descargues y escuches la canción *"When God Ran"* de Phillips, Craig y Dean. Permite que las conmovedoras palabras te toquen el alma. Dios está preparado para salir corriendo hacia nosotros tan pronto como nos arrepintamos y volvamos a Él.

La canción nos recuerda lo ansioso que está Dios por perdonarnos. En la historia del Hijo Pródigo, Dios salió corriendo hacia su hijo en cuanto lo vio. Dios está dispuesto a correr hacia ti ahora mismo. ¿Se lo permites?

Sin duda, todos somos enormemente BENDITOS. Amén.

ROTO

QUEBRANTADO POR EL PECADO

> *"A unos que confiaban en sí mismos como justos, y menospreciaban a los otros, dijo también esta parábola: Dos hombres subieron al templo a orar: uno era fariseo, y el otro publicano. El fariseo, puesto en pie, oraba consigo mismo de esta manera: Dios, te doy gracias porque no soy como los otros hombres, ladrones, injustos, adúlteros, ni aun como este publicano; 12 ayuno dos veces a la semana, doy diezmos de todo lo que gano. Mas el publicano, estando lejos, no quería ni aun alzar los ojos al cielo, sino que se golpeaba el pecho, diciendo: Dios, sé propicio a mí, pecador. Os digo que este descendió a su casa justificado antes que el otro; porque cualquiera que se enaltece, será humillado; y el que se humilla será enaltecido". Lucas 18:9-14*

Ha llegado el momento de pasar de la agradable y tranquilizadora conversación sobre la misericordia y el perdón de Dios al tema de nuestro quebranto. Creo que el pasaje anterior del Evangelio de Lucas es una buena manera de preparar el terreno para los puntos que quiero tratar en este capítulo.

Al igual que el recaudador de impuestos, nosotros también tenemos que ser capaces de reconocer nuestra condición de quebrantados. He descubierto que esto puede ser difícil de hacer para algunas personas. En un esfuerzo por aclarar exactamente lo que quiero decir con quebranto, quiero considerar el término "quebrantado" desde dos perspectivas distintas: quebrantado y herido. Mi esperanza es que al hacer esto, cada uno de nosotros sea capaz de decir: "Sí, puedo ver que yo también estoy quebrantado".

Personalmente creo que todos nosotros estamos quebrantados por nuestros propios pecados o estamos heridos por el mundo roto en el que vivimos. Muchos de nosotros, si no todos, si somos honestos con nosotros mismos, necesitamos reconocer que estamos quebrantados y heridos.

Primero profundicemos un poco en este concepto de estar quebrantados por nuestro pecado. ¿Qué nos dice la Biblia sobre todo esto? Aquí hay algunos versículos más.

Romanos 3:23: *Todos han pecado y están privados de la gloria de Dios.*

Gálatas 5:16-19, 22-23: *Digo, pues: Andad en el Espíritu, y no satisfagáis los deseos de la carne Porque el deseo de la carne es contra el Espíritu, y el del Espíritu es contra la carne; y estos se oponen entre sí, para que no hagáis lo que quisiereis. Pero si sois guiados por el Espíritu, no estáis bajo la ley. Y manifiestas son las obras de la carne, que son: adulterio, fornicación, inmundicia, lascivia. Mas el fruto del Espíritu es amor, gozo, paz, paciencia, benignidad, bondad, fe mansedumbre, templanza; contra tales cosas no hay ley.*

Romans 7:14-15, 22-24: *Romanos 7:14-15, 22-24: Porque sabemos que la ley es espiritual; mas yo soy carnal, vendido al pecado. Porque lo que hago, no lo entiendo; pues no hago lo que quiero, sino lo que aborrezco, eso hago. Porque según el hombre interior, me deleito en la ley de Dios; pero veo otra ley en mis miembros, que se rebela contra la ley de mi mente, y que me lleva CAUTIVO a la ley del pecado que está en mis miembros.¡Miserable de mí! ¿Quién me librará de este cuerpo de muerte?*

En su libro *La Cena del Cordero,* el autor católico Scott Hahn habla de nuestra humanidad de esta manera: "Tenemos la obligación, primero, de resistir la tentación. Si fallamos entonces y pecamos, tenemos la obligación de arrepentirnos inmediatamente. Si no nos arrepentimos, Dios nos deja salirnos con la nuestra: Nos permite experimentar las consecuencias naturales de nuestros pecados, los placeres ilícitos. Si no nos arrepentimos mediante la abnegación y los actos de penitencia, Dios nos permite continuar en el pecado, formando así un hábito, un vicio, **que oscurece nuestro intelecto y debilita nuestra voluntad**".[7]

El Papa Francisco se pronunció sobre el tema del quebrantamiento con esta cita: "La iglesia es un hospital de campaña para los heridos en un mundo cruel".[8]

Todos los versículos y citas bíblicas anteriores dejan claro que todos debemos luchar contra nuestra naturaleza pecaminosa. El pecado ha sido parte de la experiencia humana desde el principio de la humanidad. Mira este diálogo de Génesis 3:

Dios dijo: *"De ese árbol no comerás; en el momento en que comas de él estarás condenado a morir".*

Satanás, en forma de serpiente, dice: *"¿Dijo realmente Dios: "No comerás de ninguno de los árboles del jardín"?".*

Luego continuó diciendo: *"¡Seguramente **no** morirás!".*

Todos sabemos lo que ocurrió después. La historia nos cuenta que Adán y Eva comieron del árbol prohibido. Satanás les mintió para que pecaran, ¡y Satanás ha estado mintiendo y engañándonos desde entonces!

De hecho, la Biblia nos dice que el mal está dentro de cada uno de nosotros: *"Pero lo que sale del hombre, eso es lo que lo contamina. De dentro del hombre, de su corazón, salen los malos pensamientos, la impudicia, el robo, el asesinato, el adulterio, la avaricia, la malicia, el engaño, el libertinaje, la envidia, la blasfemia, la arrogancia, la insensatez. Todos estos males salen de dentro y contaminan".* (Marcos 7:14-23)

Lamentablemente, este mal levanta su fea cabeza de vez en cuando. Más triste aún es la realidad de que la mayoría de nosotros tenemos uno o dos pecados que parecen ser como una bola y una cadena alrededor de nuestro tobillo. Tendemos a volver a esos mismos pecados una y otra vez. Parece que no importa cuántas veces nos dirijamos a Dios y confesemos nuestro pecado, finalmente volvemos a cometer esos mismos pecados. Para muchas personas, esto se convierte en un patrón repetitivo de pecar, confesar y luego volver a pecar.

El arrepentimiento es un comienzo. Es claramente importante. El arrepentimiento fue el mensaje que predicaron tanto Juan el Bautista como Jesús. Veamos más de cerca lo que dijeron.

Leemos en Mateo 3:1-2: *"En aquellos días apareció Juan el Bautista, predicando en el desierto de Judea [y] diciendo: "¡Arrepentíos, porque el reino de los cielos está cerca!" Marcos 1:4 lo presenta así: "Juan [el] Bautista apareció en el desierto proclamando un bautismo de arrepentimiento para el perdón de los pecados".* Finalmente, en Hechos 13:24, vemos el mismo mensaje, *"Juan anunció su venida proclamando un bautismo de arrepentimiento a todo el pueblo de Israel".*

Cuando Jesús comenzó su ministerio público tras su estancia en el desierto, continuó con el mismo mensaje de arrepentimiento que había predicado Juan. En Mateo 4:17, está escrito: *"Desde entonces, Jesús comenzó a predicar y a decir: "Arrepentíos, porque el reino de los cielos está cerca"".* Pero aquí hay un punto muy importante. Jesús añadió algunos requisitos adicionales: debemos hacer algo más que arrepentirnos. Fíjate.

Jesús nos dijo que su mensaje era para los enfermos, no para los sanos. Nos dijo que necesitábamos creer en el Evangelio. Nos dijo que necesitamos convertirnos para que nuestros pecados sean borrados. En otras palabras, tenemos que cambiar nuestros hábitos. Y finalmente, nos desafió a través del mensaje que le dio a la mujer sorprendida en adulterio cuando le dice: *"Vete y no peques más"*. (Juan 8:11)

Lucas 5:31-32: *Jesús les respondió: "Los sanos no necesitan médico,* **sino los enfermos**. *No he venido a llamar a los justos al arrepentimiento, sino a los pecadores".*

Marcos 1,15: *"Este es el tiempo del cumplimiento. El reino de Dios está cerca. Arrepentíos* **y creed en el Evangelio".**

Hechos 3:19: *"Arrepiéntanse y* **conviértanse,** *para que sus pecados sean borrados".*

Juan 8,10-11: *Entonces Jesús se enderezó y le dijo: "Mujer, ¿dónde están? ¿No te ha condenado nadie?" Ella respondió: "Nadie, señor". Entonces Jesús le dijo: "Tampoco yo te condeno. Vete, [y] desde ahora* **no peques más".**

Creo que se puede decir que somos mucho mejores para arrepentirnos que para cambiar y convertirnos. Nos arrepentimos, pero no dejamos de lado nuestro pecado recurrente, como el fantasma de la historia de C. S. Lewis no podía deshacerse del lagarto. El cambio es difícil, y nos sentimos más cómodos atrapados en nuestros patrones recurrentes de ruptura. ¿A qué se debe esto? ¿Hay algo que pueda ayudarnos a romper este ciclo? A medida que se desarrollen los siguientes capítulos, trataré de mostrarte un camino hacia la curación y la recuperación de tus pecados recurrentes y persistentes.

Como escribí antes, Satanás es un mentiroso. En el Génesis, Satanás le dijo a Eva: *"Seguramente no morirás"*, pero eso es una mentira. Cada vez que volvemos a nuestros hábitos pecaminosos, morimos un poco por dentro. Se ha dicho que el pecado no es solo una mancha. Cuando manchamos nuestra ropa, podemos llevarla a la tintorería. Cuando la recogemos, la mancha ha sido completamente lavada. Claramente, Jesús perdona nuestros pecados cuando nos arrepentimos, pero a diferencia de esa ropa que llevamos a la tintorería, incluso después de que nuestros pecados han sido perdonados, dejan un daño duradero. El pecado es mejor compararlo con una herida. Después de que una herida se cura, suele quedar una cicatriz. Incluso después de saber que Dios nos ha perdonado, la cicatriz de nuestro pecado permanece. Esas cicatrices pueden tomar muchos años, si no toda la vida, para sanar completamente. A veces nos atormentan nuestros pecados pasados, aunque sepamos y confiemos en que Dios es misericordioso y perdonador.

Vemos un fuerte paralelo a esto en el cuerpo resucitado de nuestro Señor. Cuando está con los apóstoles, Jesús les muestra las heridas de su crucifixión. En este milagro de su cuerpo resucitado y lleno de vida está presente la retención de las heridas de nuestros pecados que Él lleva consigo. En su presencia sanadora, nos muestra sus heridas, que son también las nuestras. Se han convertido en parte de Él, pero también forman parte del milagro de su resurrección.

Hay algo positivo que puede resultar de haber pecado y haber sido perdonado. Es en y a través de nuestro pecado y nuestro posterior arrepentimiento que podemos encontrarnos cara a cara con la misericordia de nuestro Señor Jesucristo. Cuando esto sucede, podemos aprender de nuestros errores y acercarnos a Dios en nuestro camino.

Permíteme compartir otra historia. Está relacionada con mi participación en Cursillos de Cristiandad. Cursillos de Cristiandad es un movimiento laico en el que uno asiste a un retiro de tres días y luego se integra en un pequeño grupo que se reúne semanalmente para discutir su camino diario con Dios. Estos grupos se reúnen una vez al mes en lo que se conoce como Ultreya. Mi esposa y yo éramos los coordinadores de Ultreya en nuestra parroquia. Nos estábamos desanimando por la baja asistencia. Recuerdo que en la primavera de 2011 pedí consejo a mi párroco. No sabía el impacto positivo que su respuesta tendría en mi vida.

"Padre Nick", le dije. "¿Por qué tanta gente hace estos fines de semana de Cursillos y, estando allí, se comprometen con Dios a que asistirán a estas reuniones mensuales durante el resto de su vida y luego no lo hacen?".

Él respondió: "Esa es una gran pregunta. Dame un poco de tiempo para rezar sobre la respuesta, y me pondré en contacto contigo".

Pasaron unos diez días cuando el padre Nick me llamó y me invitó a reunirme con él en su oficina. El día que fui a visitarlo, me senté justo enfrente de su escritorio mientras manteníamos nuestra conversación.

Me dijo: "Brian, he rezado y reflexionado mucho sobre tu pregunta".

Él continuó, "Lo que necesitas saber es que cada persona está encadenada a alguna área de pecado en su vida. Algunas personas tienen la suerte de saber cuál es su pecado. Otras personas viven la vida, y no reconocen sus pecados y ofensas contra Dios. Parece que no se dan cuenta de su pecaminosidad. Te digo esto porque cuando las personas dan la excusa de que no pueden asistir a la

Ultreya porque es en un día específico de la semana o una hora específica del día que no funciona para ellos, rara vez es el día o la hora la verdadera razón por la que no se presentan. Es el pecado en su vida lo que los aleja. Es el atractivo de otra cosa lo que les dice que esta reunión no es tan importante como otra cosa en su agenda".

Continuó diciendo: "Si vas a ser eficaz en la dirección de este grupo y eficaz en la evangelización, entonces debes entender la influencia que el pecado tiene en la vida de cada persona".

Lo que dijo e hizo a continuación fue lo que dejó un impacto permanente en mi vida. Tomó un libro de su escritorio y me lo entregó mientras me decía: **"Brian, lo que también debes entender es que tú también tienes tus propias áreas de pecado y quebrantamiento que impactan tu vida. Hasta que no te enfrentes a tu propio quebrantamiento, nunca serás tan eficaz en la evangelización de los demás como Dios quiere que seas".**

¡Wow! En ese momento, sentí como si hubiera leído mi alma. Inconsciente e instintivamente, me eché hacia atrás en la silla y crucé los brazos sobre el pecho como para protegerme. ¿Sabía lo de mi lagarto? Puede que recuerde algunos de los pecados que he confesado, pero de alguna manera, sentí como si estuviera al tanto de todos mis defectos y faltas ocultas.

El libro que me dio fue *"Unbound"* de Neal Lozano. Me sugirió que este libro me ayudaría a entender mejor la bola y la cadena de mi propio pecado recurrente.

Esta conversación me tomó por sorpresa. Me llevó en una dirección totalmente diferente a la que anticipé cuando hice la simple pregunta, "¿Por qué la gente no asiste a la Ultreya?"

El Padre Nick me dio algunos consejos adicionales. Me preguntó si alguna vez había estado en un retiro de silencio. Le dije que no. Entonces me sugirió que hiciera ese retiro de silencio de ocho días que he mencionado antes. Lo hice apenas dos meses después, en noviembre de 2011. Fue en ese retiro donde finalmente terminé *Unbound*.

Este retiro dejó una huella indeleble en mi vida. Ya he escrito mucho sobre mi experiencia durante el retiro, y escribiré mucho más sobre su impacto en mi vida más adelante en el libro. Por ahora, el mensaje principal que quiero transmitir es el que me transmitió el padre Nick. Todos tenemos algún área de pecado en nuestra vida que nos encadena. Estamos rotos por nuestra propia pecaminosidad. Puede que no sea necesario que todo el mundo vaya a un retiro de silencio para tener una revelación que cambie su vida, pero es de vital importancia que todos encontremos un tiempo tranquilo para estar a solas con Dios para que Él pueda revelar los pecados de nuestra vida que le ofenden.

En resumen, somos responsables del quebrantamiento en nuestra vida porque es causado por nuestros pecados. Como dice San Pablo, este mal viene de nuestro interior.

Las heridas en nuestra vida, sin embargo, se nos infligen desde fuera. No son culpa nuestra. Estas heridas se producen porque vivimos en un mundo roto. Nuestras heridas también pueden ser causadas por los pecados de otros. Descubriremos más sobre nuestras heridas en el próximo capítulo.

HERIDO POR
EL MUNDO

Muchas son las aflicciones del justo, Pero de todas ellas le librará Jehová. — Salmo 34: 19-19

En los retiros que dirijo en las iglesias de todo el país, hago esta afirmación: "Quizás las dos palabras más filosóficas y teológicas jamás unidas por la mente del hombre se combinaron en una pegatina para el parachoques en la década de 1980, y esas dos palabras traducidas del inglés eran **COSAS PASAN**, excepto que en la pegatina para el parachoques la palabra no era "cosas". Todo el mundo sabe a qué me refiero, y mi afirmación suele provocar la risa de la gente.

Según Wikipedia, el término *"Cosas pasan"* (pues la forma menos vulgar de decirlo) se utiliza como una simple observación existencial de que la vida está llena de acontecimientos imprevisibles. La frase es un reconocimiento de que a la gente le ocurren cosas malas aparentemente sin ninguna razón en particular. Observada por primera vez en 1964, esta frase no se utilizó en una publicación impresa hasta 1983.

Esto nos lleva a preguntarnos. Cuando le ocurren cosas malas a la gente, ¿es Dios el responsable de que ocurran?

Recientemente hubo fuertes lluvias en la zona donde vivo. Dos reporteros estaban cubriendo una historia donde había ocurrido un deslizamiento de lodo. Mientras estaban sentados en su vehículo de trabajo, un árbol cayó sobre su coche, matando a ambos. ¿Hizo Dios que esto ocurriera?

A menudo escuchamos historias sobre tornados que atraviesan una ciudad causando una destrucción generalizada. A veces, la gente muere en un lado de la calle, mientras que sus vecinos de enfrente sufren poco o ningún daño. ¿Hace Dios que el tornado mate solo a determinadas personas?

Durante los meses de verano, las noticias traen historias tristes sobre niños pequeños que se ahogan en piscinas, lagos y estanques. ¿Acaso Dios escoge a estos niños y hace que se caigan al agua?

Algunos niños son abusados sexualmente por sus padres, familiares, vecinos o personas de confianza con autoridad. ¿Causa o permite Dios a propósito que ocurran estos actos trágicos?

Algunas personas desarrollan enfermedades graves y sufren y mueren como resultado de estas enfermedades, mientras que otras personas viven vidas largas y saludables. ¿Acaso Dios quiere a algunas personas más que a otras?

Algunos bebés nacen con defectos de nacimiento, mientras que otros nacen sanos. ¿Acaso Dios elige a estos niños y a sus padres a propósito?

Algunas personas mueren repentinamente y sin previo aviso en accidentes de tráfico. ¿Dios hace que esto ocurra?

Algunas personas terminan en matrimonios abusivos. ¿Es esto un designio de Dios?

Algunas personas desarrollan adicciones a las drogas, el alcohol, los analgésicos, la pornografía y los comportamientos sexuales no deseados. ¿Hace Dios que algunas personas sean más susceptibles a la adicción que otras?

Algunos cristianos descubren durante su adolescencia que se sienten atraídos por su mismo sexo. Para aquellos que descubren que se sienten atraídos por su mismo sexo, la vida puede ser una prueba. ¿Hizo Dios que algunas personas se sintieran atraídas por su mismo sexo solo para decirles que no podían actuar según esas atracciones como algún tipo de castigo místico?

La lista de preguntas que podría hacer es interminable. Creo que ya has entendido lo que quiero decir. Ahora permíteme ofrecer mis pensamientos sobre estas preguntas. Creo firmemente que la respuesta a todas las preguntas anteriores es un rotundo ¡NO!

Dios creó un mundo perfecto. Según el Génesis, Dios creó un mundo en el que los hombres no tenían que trabajar, y las mujeres no experimentaban dolores de parto al dar a luz. ¿Qué cambió esto? El pecado lo cambió. Después de que el pecado original entró en el mundo, todo tipo de cosas malas comenzaron a suceder. El mundo, tal y como lo diseñó el creador, cambió. Dios no quiere vernos sufrir. Quiere que seamos felices. Pero las cosas malas suceden.

Creo que Dios llora cuando nosotros lloramos. Jesús lloró con la muerte de su amigo Lázaro. Creo que Dios se entristece cuando nosotros nos entristecemos. Cuando el dolor y el sufrimiento nos sobrevienen, Dios igual sufre con nosotros. En otras palabras, vivimos en un mundo roto y fracturado, un mundo muy diferente del Jardín del Edén. En resumen, vivimos en un mundo en el que ocurren cosas.

Cuando las cosas suceden, y cuando la gente sufre, a veces culpan a Dios por su dolor y su pérdida. Sus heridas pueden convertirse en una barrera o impedimento en su relación con Dios.

Espero haber dejado claro que nuestro propio comportamiento pecaminoso causa nuestro quebranto, y que vivir en un mundo roto e imperfecto causa nuestras heridas. En cualquier caso, nuestro quebrantamiento y nuestras heridas pueden fracturar nuestra relación con Dios.

En el próximo capítulo veremos cómo nuestro ORGULLO puede obstaculizar nuestra curación y recuperación. Al concluir este capítulo, espero que estemos de acuerdo en que todos nosotros estamos rotos o heridos de alguna manera.

MEDITACIÓN MUSICAL

Quiero animarles a que se tomen un momento para descargar y escuchar la canción "Broken" de Kenneth Cope. Esta canción se ha convertido en mi tema adoptado para Broken Door Ministries. Me ha ayudado a centrarme en la realidad de que Dios sabe que soy una persona rota, y que me ama de todos modos. También señala que Dios tiene una larga historia de usar las cosas rotas para el bien.

Él quiere usarte a ti también, a pesar de cualquier quebrantamiento que puedas tener, para traer gloria a Su Reino. ¿Se lo permitirás?

El hecho es que todos estamos quebrantados. Amén.

ASUSTADO

MÁSCARAS

¿Has visto la obra *El fantasma de la ópera*? El telón se abre para el segundo acto con un gran grupo de personas de pie en una gran escalera. Cada persona lleva un traje de colores y una máscara. La canción que acompaña a esta escena es "Masquerade", de Andrew Lloyd Weber, y da vida a la realidad de que estamos rodeados de gente con máscaras. Mientras las personas lleven puestas sus máscaras, es difícil conocer la verdadera identidad que oculta la máscara.

Si me encontrara contigo cara a cara y llevara una máscara de fantasma, ¿podrías escuchar lo que tengo que decir y tomar lo que digo en serio? Probablemente no. Dicho esto, ¿puede y debe cualquier persona que conozcas, tomarte a ti y a lo que tienes que decir en serio? Sé sincero, ¿no llevas una máscara ahora mismo? Creo que la mayoría de las personas, si no todas, llevan una máscara durante gran parte de su vida.

La gente suele llevar máscaras porque tiene miedo. Temen que los demás los vean como realmente son. A veces incluso tenemos miedo de vernos a nosotros mismos como realmente somos. Dentro de un momento, describiré tres tipos de máscaras distintas que he identificado. Pero antes, quiero profundizar en la palabra *"asustado"*.

Tomando en cuenta el nombre del título original de este libro en inglés, la palabra "asustado" es "scared." Concéntrate en la C de la palabra "asustado" de inglés por un momento. Al ver la C de la palabra "asustado," quiero que pienses en otra palabra del inglés que es *CHAGRIN*. Dos palabras utilizadas para definir el *chagrin* son humillación y vergüenza. Tal vez estas dos palabras resumen la razón por la que tenemos miedo. A menudo nos torturamos diciéndonos esto: "Si alguien conociera mi verdadero yo, el que tiene todas mis faltas, pecados y fracasos, no le gustaría a nadie. Podría perder a mis amigos, a mi cónyuge o a mi familia".

Con este miedo bien arraigado, usamos máscaras para que todos piensen que nuestra vida está "bien". Después de todo, ¿no es eso lo que decimos a alguien cuando nos pregunta cómo estamos? Piénsalo por un momento. ¿Cómo respondes a la pregunta "cómo estás"? Nuestra respuesta reactiva es: "Bien, estoy bien".

Si queremos vivir honestamente, necesitamos tener una **personalidad transparente**. Tenemos que quitarnos la máscara. Jesús vino a salvar a los perdidos y a los rotos; ¿por qué queremos fingir que no estamos rotos?

La respuesta a esa pregunta es simple. La respuesta es Satanás. Satanás hace que vivamos en un mundo de ilusión, irrealidad y sombras. Él es el gran ilusionista. El barniza la verdad y fomenta nuestra deshonestidad. El resultado final es éste: nos ponemos nuestras máscaras.

Como dije, he identificado tres tipos únicos de máscaras que la gente usa. A medida que describo cada una de ellas por separado, es posible que te des cuenta de cuál llevas. Incluso puede que te des cuenta de que llevas más de una.

MÁSCARA UNO: Esconderse de los demás.

¿Tienes pecados y heridas en tu vida de los que nadie es consciente más que tú? ¿Prefieres mantener estas luchas ocultas? ¿Tienes miedo de cómo reaccionarían los demás si supieran que tienes estas imperfecciones? Por alguna razón, tratamos de convencernos de que nadie nos amaría si nos conociera realmente. Ten por seguro que Dios nos conoce mejor que nadie, y nos sigue amando. Tal vez los demás también lo harían. De hecho, tal vez si nos conocieran con todos nuestros defectos, nos querrían y respetarían aún más.

La canción *"Stained Glass Masquerade"* de Casting Crowns habla de esta cuestión de tener miedo. Esta canción le recuerda al oyente que aunque se sienta como la única persona rota y pecadora en la iglesia, simplemente no es cierto. Todo el mundo en la iglesia está roto. Desgraciadamente, todos ocultan su quebrantamiento tras la alusión de que están bien. Al final, el uso de la máscara perjudica a todos. Cada persona se siente aislada y sola, y a menudo siente que no pertenece a este gran grupo de "gente santa y perfecta".

Reconociendo tus propios defectos y pecados, ¿te has sentado alguna vez en la iglesia sintiéndote así? ¿Te has sentado en tu banco, profundamente consciente de tu quebranto, mientras que al mismo tiempo piensas que todos los que están sentados a tu alrededor lo tienen todo bajo control? Créeme, no es así. Solo saben llevar sus máscaras tan bien como tú sabes llevar la tuya.

SEGUNDA MÁSCARA: *Escondernos de nosotros mismos.*

La segunda máscara puede ser mucho peor que la primera. ¿Te desagradan tanto tus defectos personales que haces como si no existieran? El autoengaño nos impide vernos como realmente somos. Si no somos sinceros con nosotros mismos, ¿cómo podemos esperar cambiar? ¿Cómo podemos esperar superar nuestros defectos si no los reconocemos?

Al Papa Francisco le hicieron una vez esta pregunta: "¿Qué le dirías a alguien que no se siente pecador?". Su respuesta habla directamente de esta cuestión del autoengaño. Dijo: **"Le aconsejaría que pidiera la gracia de sentirse como tal"**.

Permíteme compartir contigo una anécdota divertida.

Había un hombre muy santurrón que fue a su médico quejándose de un dolor punzante en la cabeza. Durante el examen, el médico le pidió al hombre que le mostrara exactamente dónde se encontraba el dolor. El hombre señaló todo el contorno de su cabeza. Al no encontrar ninguna causa médica para el dolor, el médico le dijo al hombre que había descubierto el problema. El hombre preguntó: "¿Qué pasa, doctor?". El médico respondió: "Creo que usted tiene la aureola demasiado apretada. Quizá deba aflojarlo un poco".

¿Llevas el halo demasiado apretado?

¿Llevas la máscara puesta tanto tiempo que ya no te reconoces?

El pecado del orgullo es considerado por algunos como el principal de los siete pecados capitales. Satanás se sirve de nuestro orgullo, y utiliza la vergüenza para amurallarnos. Con la Máscara Uno, nos volvemos muy conscientes de nuestros propios defectos, y tendemos a mirar a todos los demás como si no tuvieran ninguno. Temerosos de lo que pensarían los demás si nos conocieran como realmente somos, aseguramos cuidadosamente nuestras máscaras en su lugar. Con la segunda máscara, simplemente no aceptamos que tenemos defectos. Con cualquiera de las dos máscaras, seguimos atrapados tras los muros de la vergüenza y el orgullo. Mientras nos escondamos y permanezcamos en silencio acerca de nuestro quebranto, nuestros esfuerzos por superar nuestro quebranto fracasarán una y otra vez. Permaneceremos cautivos de nuestro quebrantamiento, y estos pecados se repetirán a lo largo de nuestra vida.

Nuestras heridas ocultas y nuestro quebrantamiento oculto provocado por nuestros pecados recurrentes trabajan juntos para esclavizarnos. Si esperamos encontrar la libertad de nuestro quebrantamiento, debemos superar nuestro orgullo y vergüenza y volvernos vulnerables. Hablaré más sobre esto más adelante en el libro.

La tercera máscara es diferente a las dos primeras. Con la Máscara Uno, engañamos a otros, y con la Máscara Dos, nos engañamos a nosotros mismos. Con la Máscara Tres, Satanás trata de engañarnos.

MÁSCARA TRES: *Que Satanás nos oculte nuestro verdadero quebranto.*

¿Cómo hace esto Satanás? Haciendo que nos concentremos solo en lo que escribimos en nuestro Papel Morado. Si estás usando la Máscara Uno, puedes estar demasiado enfocado en tu pecado recurrente y ciego a alguna otra área de pecado en tu vida que es mucho más ofensiva para Dios. Si estás usando la Máscara Dos, primero debes quitarte la máscara y reconocer que tienes un pecado recurrente en tu vida. Una vez que lo hagas, debes ser tan cuidadoso como la persona que llevaba la Máscara Uno para no permitir que Satanás te engañe. Esos pecados que se repiten con frecuencia en tu vida pueden ser un subterfugio para que pases por alto otras áreas de pecado que deberían exigir tu atención inmediata.

Anteriormente con el ejercicio del Papel Morado, escribiste en el lado uno las áreas de heridas en tu vida, y en el lado dos, escribiste el pecado recurrente del cual eres más consciente. Ahora, quiero guiarte a través del ejercicio del **Papel Amarillo**.wq

SEGUNDO EJERCICIO

EL EJERCICIO DEL PAPEL AMARILLO

Por favor, busca otro trozo de papel de 3 por 5 pulgadas y escribe en él las palabras Ejercicio del Papel Amarillo.

```
Papel Amarillo
```

En la primera cara, dibuja un gran signo de interrogación que ocupe toda la cara del papel. En la segunda cara, escribe esta traducción del Salmo 139:23-24:

Examíname, oh Dios, y conoce mi corazón, pruébame y conoce mis pensamientos ansiosos, señala cualquier cosa en mí que te ofenda, y guíame por el camino de la vida eterna.

La pregunta en la que hay que centrarse es la siguiente: ¿Es el pecado recurrente que confiesas regularmente el verdadero pecado que realmente te separa de una relación más plena con Dios, o es una distracción que viene de Satanás? ¿Te tiene Satanás enfocado en algo equivocado?

Como ejemplos de esto, tal vez tienes chismes escritos en tu Papel Morado, y confiesas ese pecado repetidamente, pero escondido por ese pecado está el pecado mayor de la envidia que no confiesas. Tal vez luchas con una adicción a ver pornografía y tienes eso escrito en tu Papel Morado y lo confiesas constantemente pero escondido por él está tu pecado de orgullo que nunca confiesas. Finalmente, tal vez Satanás mantiene tu enfoque únicamente en tus pecados de comisión y nunca buscas el perdón por cualquier pecado de omisión. ¿Confiesas alguna vez los pecados de no visitar a los que están en la cárcel o a los que están enfermos en el hospital?

Comprométete a orar durante 30 días sobre tu papel amarillo. Recita el Salmo durante tu oración. Ruega a Dios que te revele cualquier cosa en ti que sea ofensiva para Él. Puede que te sorprenda descubrir que has estado centrado en la cosa equivocada durante demasiado tiempo. Esto no significa que no necesites trabajar para superar esas cosas que aparecen en tu Papel Morado. No, significa que hay áreas más grandes de quebrantamiento y/o pecaminosidad que estás pasando completamente por alto y que necesitan atención seria.

Estas tres máscaras nos devuelven al punto de partida. Tenemos miedo. Tenemos miedo. Tenemos miedo de ser humillados o avergonzados si los demás nos conocen en nuestra condición rota. ¿De qué tenemos miedo? La Biblia es muy clara en este punto: **TODOS NECESITAMOS SER SALVADOS.** No podemos salvarnos a nosotros mismos. Por más que lo intentemos, solo fracasaremos.

Permíteme utilizar un chiste para explicar mi punto de vista.

Un vendedor se dirigía al centro de la ciudad para asistir a la llamada de ventas más importante y de mayor envergadura que jamás había realizado. Cuando llegó al centro para su cita, no había plazas de estacionamiento. Actuando con rapidez, miró al cielo y dijo: "Dios, si me ayudas a encontrar una plaza de estacionamiento, empezaré a ir a la iglesia todos los domingos y, además, Dios, si me ayudas a encontrar esta plaza de estacionamiento, dejaré de beber alcohol el resto de mi vida". En ese momento, milagrosamente, quedó disponible una plaza de estacionamiento. El hombre volvió a mirar al cielo y dijo: "No importa, Dios, he encontrado uno yo solo".

El humor contenido en este chiste ilustra un punto muy importante. No podemos salvarnos a nosotros mismos. Necesitamos a Dios.

En 1 Timoteo 1:15, San Pablo escribe: *"De todos los pecadores, yo soy el peor"*. Pero San Pablo también nos da este estímulo en Romanos 7:24-25, *"¡Miserable de mí! ¿Quién me librará de este cuerpo mortal? Gracias a Dios por Jesucristo nuestro Señor"*.

San Pablo afirma las luchas que todos tenemos. Todos luchamos contra el pecado y la tentación en nuestras vidas. Las luchas son reales, y para algunos de nosotros, son debilitantes.

El Papa Francisco nos ofrece esta sabiduría: "El pecador arrepentido, que peca una y otra vez a causa de su debilidad, encontrará el perdón si reconoce su necesidad de misericordia".[9]

La curación está disponible para nosotros si solo damos un pequeño paso hacia Dios. Primero empieza por desear dar ese paso. Para ser eficaces en la evangelización, ¡debemos quitarnos las máscaras! ¿Cómo lo estás haciendo?

Creo firmemente que una de las razones por las que estamos viendo un descenso en el número de cristianos que asisten a la iglesia los domingos es porque nuestra cultura moderna nos ha dicho que "yo estoy bien y tú estás bien tal y como somos". En esencia, no reconocemos nuestra necesidad de misericordia. La verdad es que no estamos bien. Estamos rotos. Y aun así, Dios nos ama tal como somos. Nos ama a pesar de todo. Nos ama incluso en nuestro quebranto. Y nos ama tanto que no quiere que nos quedemos como estamos. Está ahí para perdonarnos y darnos una mano que nos guíe de vuelta al camino de la verdad. Si, como nuestra cultura trata de decirnos, estamos bien como estamos, entonces no tenemos necesidad de ser salvados. Si no tenemos necesidad de ser salvados, entonces no tenemos necesidad de un salvador. Si no tenemos necesidad de un salvador, entonces Jesús murió en vano, y ciertamente, no habría necesidad de ir a la iglesia los domingos.

La iglesia es un lugar de encuentro para los pecadores. Por lo tanto, primero debemos aceptar el hecho de que somos pecadores que necesitan ser salvados para entender la importancia de apartar el domingo para estar con nuestro Salvador.

La sanación está disponible para nosotros si solo damos un pequeño paso hacia Dios. Primero comienza con el simple deseo de dar ese paso. Y para ser eficaces en la evangelización, ¡debemos quitarnos las máscaras! ¿Cómo lo estás haciendo?

Si estás leyendo este libro y no te sientes roto o no ves claramente las áreas de pecado en tu vida, te ofrezco las siguientes herramientas espirituales:

Tiempo para Dios

Considera, si es posible, sacar tiempo para ir a un retiro en silencio. Dale a Dios el tiempo y el espacio para hablarte y date las condiciones ideales para escucharlo. Si no es posible escaparte, intenta reservar quince minutos de silencio cada mañana para que Dios pueda hablarte y revelar las áreas de tu vida que necesitan mejorar.

Dirección espiritual

Si actualmente no tienes un Director Espiritual, te animo a que encuentres uno. Tener un director espiritual capacitado puede ser muy beneficioso. A veces simplemente somos incapaces de ver cosas de nosotros mismos o de nuestro camino espiritual que alguien que está entrenado en dirección espiritual puede ver.

El ayuno

Finalmente, también quiero animarte a ayunar como parte regular de tu vida cristiana. El ayuno era una disciplina esperada utilizada tanto en el Antiguo como en el Nuevo Testamento. En el libro de los Hechos 14:23, encontramos esto, *"Nombraron presbíteros para ellos en cada iglesia y, con oración y ayuno, los encomendaron al Señor en quien habían puesto su fe"*. Lamentablemente, para muchos cristianos, la tradición del ayuno ha quedado relegada a algo que solo se hace durante la Cuaresma, si es que se hace.

Utilizar estas tres herramientas espirituales de los retiros, la dirección espiritual y el ayuno puede ser muy útil a la hora de realizar un análisis espiritual personal. Podemos descubrir que Dios tiene mucho que decir. Seguro que tuvo mucho que decirme cuando yo hice un retiro.

¡EL ENCUENTRO CON DIOS QUE CAMBIÓ MI VIDA!

Como mencioné anteriormente, fue en noviembre de 2011 cuando asistí al retiro de ocho días en Clearwater, Florida. Ahora creo que mi experiencia en este retiro ignaciano fue nada menos que milagrosa.

En la segunda noche de ese retiro, me asaltó un sentimiento abrumador de que María, la Madre de Nuestro Señor, dirigió al Padre Nick para que me diera el libro, *Unbound*, y ella lo guió para que me recomendara hacer este retiro, específicamente para que pudiera tener un encuentro muy personal con su Hijo. Personalmente creo que cada vez que María intercede por nosotros, es siempre con el propósito expreso de dirigir nuestra atención hacia su Hijo Jesús.

Sin embargo, fue durante la tercera noche del retiro, mientras estaba arrodillada en oración en la capilla, que mi vida cambió dramáticamente. En la silenciosa penumbra, sentí de repente que Dios me hablaba directamente al corazón. Esto es lo que le oí decir: *"Brian, si te quieres sanar, tienes que decirle a alguien que estás roto".* En un instante supe lo que significaba este mensaje. Comencé a llorar.

Durante más de 42 años, albergaba un secreto profundo y oscuro. Solo había una persona en mi vida que conocía este secreto, y era mi esposa. Dios me estaba llamando a confrontar este quebranto en mi vida. Verás, cuando era un joven monaguillo, un sacerdote católico de mi parroquia había abusado sexualmente de mí.

Nunca tuve el valor de contarle a nadie lo que me había pasado. No se lo conté a mis padres, ni a mi hermano. Seguía siendo mi secreto oculto. No tenía ni idea entonces de que este suceso tendría un impacto en el resto de mi vida.

Al principio del libro, cuando expliqué el Ejercicio del Papel Morado, expuse la idea de que el quebrantamiento tenía dos formas. Todos estamos *rotos* por nuestros propios pecados. Muchos de nosotros también estamos heridos por los pecados de otros o simplemente por vivir en un mundo roto. No hay duda de que los pecados de este hombre me dejaron heridas duraderas.

Últimamente se ha escrito mucho en las noticias sobre el escándalo de los abusos de los sacerdotes. Aunque no soy un experto en este tema, puedo decir que sé mucho más de lo que nunca quise saber. El abuso sexual infantil y el acoso toman muchas formas. El abuso sexual infantil no se limita a los sacerdotes católicos. Muchos niños son abusados sexualmente por sus padres, padrastros, otros miembros de la familia, ministros, maestros y otras personas con autoridad.

Algunos, pero no todos, sufren daños físicos por el abuso. Yo no lo sufrí. Sin embargo, estoy convencido de que todas las víctimas sufren daños psicológicos. El daño psicológico se manifiesta de tantas formas diferentes como niños han sido abusados.

Uno de los impactos más comunes del abuso es la **vergüenza**. Las víctimas suelen atribuirse a sí mismas parte o toda la culpa. Esto es especialmente cierto si el acoso y/o el abuso da lugar a que la víctima experimente cierto placer sexual como resultado de lo que se le está haciendo. Éste fue mi caso. Todavía me cuesta creer que acabo de escribir esto en este libro. Todavía me resulta doloroso admitirlo. Ésta es la razón por la que nunca tuve el valor de contárselo a nadie más que a mi mujer.

Otro efecto nocivo de haber sufrido abusos es acabar con una visión distorsionada de la sexualidad humana normal y sana. Muchas víctimas luchan con problemas sexuales y adicciones después del abuso. Estos problemas pueden permanecer con las víctimas durante años y a veces durante toda la vida. Debo admitir que después del abuso, luché frecuentemente con el pecado de la lujuria y con la virtud de la castidad.

El subidón de las hormonas pospúberes, junto con el recuerdo persistente del abuso, me crearon una gran lucha durante mis años de formación. Los años de la adolescencia marcaron mi joven cerebro a través del proceso que los psicólogos llaman mapeo cerebral adolescente. Mi búsqueda de la pureza sexual parecía esquiva. La lujuria se convirtió en el tema más frecuente de mis viajes al sacramento de la reconciliación (confesión). Pasé años luchando por liberarme de las cadenas de mi infancia rota.

La lujuria y la falta de castidad son los temas escritos en mi Papel Morado. Éstos eran mis pecados recurrentes. Éstas eran las cosas que parecía que confesaba una y otra vez durante años en el confesionario. Éstos eran los pecados que me mantenían encadenado. Muchos psicólogos me han dicho que esto es normal en las personas que han sufrido abusos sexuales en su infancia. Si bien esto puede ser cierto, aún debo asumir la responsabilidad de estos pecados y buscar el perdón de Dios. También puedo asegurar que Satanás estaba usando mi debilidad y mis pecados recurrentes, escritos en mi Papel Morado, para impedirme ver muchos otros pecados que posteriormente han sido revelados por mi Papel

Amarillo y que también estaban dañando mi relación con Dios.

Volvamos al retiro. Aquí estaba yo, arrodillado en oración aquella tercera noche, cuando Dios me dijo que tenía que revelar esos secretos si quería ser sanado. Al salir del retiro, también sentí la necesidad de perdonar completamente al sacerdote que había abusado de mí. Aunque hacía tiempo que había fallecido, lo perdoné. Ahora ruego que su alma se salve.

No cabe duda de que, aunque el abuso sexual de menores es un delito atroz y un pecado muy grave, la gracia y la misericordia de Dios son mayores que cualquier pecado. Todos somos pecadores. Este sacerdote, también, era un pecador. El Padre Nuestro me lleva a pedirle a Dios que perdone mis ofensas como yo perdono a los que me ofenden. Sabía que si quería el perdón de mis propios pecados, también tenía que perdonar. Me alegra decir que he perdonado al sacerdote que abusó de mí. Dios puede perdonar todos los pecados, sí, incluso los de aquellos que abusan sexualmente de los niños. Suponiendo que este sacerdote buscó el perdón de Dios, probablemente lo veré en el Cielo algún día.

Tanto el propio abuso como mis propias luchas contra la lujuria y la vida casta enturbiaron mi relación con Dios. La vergüenza me mantuvo en silencio durante años. Después de todo, ¿cuándo es el momento adecuado para contar a tus compañeros que otro hombre abusó sexualmente de ti? ¿Y cuántos de nosotros estaríamos dispuestos a confesar a nuestros amigos que vivimos sin castidad y luchamos contra la lujuria? A mi deseo de permanecer en silencio se sumaba la falsa creencia de que yo era el único con este tipo de pecados en mi vida. El hecho es éste: Mientras permanezcamos en silencio sobre nuestros pecados, seguiremos **cautivos** y **encadenados** a estos pecados. En 2011, había estado en un grupo de oración semanal con otros hombres que eran mis amigos cristianos más cercanos, sin embargo, incluso con estos amigos cercanos, no podía reunir la fuerza para discutir mi quebrantamiento con ellos. Todo eso cambió después de mi retiro de silencio.

Ya has oído hablar bastante de mi quebranto. Ahora ya saben lo que está escrito en ambos lados de mi Papel Morado. En este momento, quiero tomar prestada una técnica de Jesús. Sabemos que cuando Jesús comienza un comentario con *"Amén, amén, os digo"*, está a punto de decir algo que es muy importante. De hecho, me han dicho que debemos escribir las cosas que Él dice después de usar esta expresión enfática.

Ahora me toca a mí usar esas palabras. AMÉN, AMÉN LES DIGO, este libro no se trata de lo que está escrito en mi Papel Morado. ¡Lo que importa es **LO QUE ESTÁ ESCRITO EN TU PAPEL MORADO!** Así que ahora, permíteme que te haga de nuevo esta pregunta tan importante: **"¿Sabe alguien más, aparte quizás de tu confesor, lo que está escrito en tu Papel Morado?"** ¿Es tu quebranto tu secreto mejor guardado? El mío lo fue durante más de 42 años. Dios me dijo que si yo me quería sanar, tenía que dar a conocer mi quebranto. ¿Te está diciendo Dios, ahora mismo, a través de este libro, lo mismo?

Mi vida cambió para siempre en ese retiro. Después de ese retiro, comencé a revelar mi quebrantamiento. Al principio, empecé lentamente. Escribiré más sobre esto más adelante. Debería ser obvio para ti ahora que al escribir este libro, estoy gritando la historia de mi quebrantamiento y la historia de la misericordia de Dios y la libertad resultante que recibí desde la cima de la montaña.

Fue también después de mi encuentro en ese retiro que me sentí llamado a iniciar los Ministerios de la Puerta Rota y a comenzar a escribir las *Cartas del Cuarto Día*. Es muy común a lo largo de la historia cristiana ser llamado a la acción después de tener un encuentro personal con Dios. He dedicado el resto de mi vida a ayudar a otros que están heridos, rotos y solos. Espero que este libro te ayude en este momento.

RESUMEN DE
TENER MIEDO

No todas las personas que se abren a su quebrantamiento serán llamadas a iniciar un ministerio, pero al abrirse con alguien, el proceso de sanación puede comenzar. También estarás en una mejor posición para ayudar a otros con su quebrantamiento después de revelar y enfrentar el tuyo.

Déjame que intente resumir este capítulo sobre el miedo. Es importante recordar esto: La humillación, el bochorno, el miedo y la vergüenza trabajan para mantenernos detrás de nuestras máscaras.

Está claro que no todo el mundo está roto de la misma manera que yo. **¿Qué es lo que está roto?** Tal vez tu quebrantamiento toma la forma de enojo, control, envidia, conflictos familiares, mentira, incapacidad de perdonar, orgullo, chismes, o algún otro pecado.

Todos debemos aprender que necesitamos ser transparentes. El compartir abierto y honesto es saludable para nosotros. Por eso son tan importantes los pequeños grupos tipo Cursillo que se reúnen semanalmente. Necesitamos amigos cristianos fuertes en los que confiemos y con los que podamos compartir. No podemos dejar que el miedo y la vergüenza nos detengan. Una vez alguien le dijo a un orador en un retiro católico que no podía revelar sus pecados a un sacerdote en el confesionario. Dijeron que sus pecados eran demasiado vergonzosos. El conferenciante respondió en broma diciendo: "Supéralo, tus pecados no son tan originales".

Tal vez seas lo suficientemente mayor como para recordar las siete palabrotas del cómico George Carlin que no se podían decir en televisión. Parece que para muchos de nosotros, hemos desarrollado nuestra propia lista de "pecados sucios" o áreas de quebrantamiento personal que no podemos admitir en ningún lugar ni ante nadie.

Debemos recordar siempre que un cristiano asustado es un evangelizador ineficaz. Como cristianos, a menudo escuchamos el término **La Buena Nueva.** ¿Qué es la Buena Nueva? Para mí, la Buena Nueva es ésta: Estamos rotos, pero Jesús nos ama de todos modos. Parece que nuestro Dios ama a las personas rotas. De hecho, nos ama tanto que envió a su Hijo a morir en una cruz para poder salvarnos de nuestro quebranto. Nuestro mundo está hambriento de escuchar esta Buena Nueva.

Desde mi retiro, hay una canción cristiana, *"Hosea"*, escrita por John Michael Talbot, que realmente habla del punto que estoy tratando de hacer en este capítulo. Esta canción me ayuda a tener en cuenta que Dios siempre me está llamando. Él es implacable en su búsqueda de mí. Cuando escucho la música, me convenzo de que no puedo permitir que el miedo me separe de Dios. Él me ha esperado durante mucho tiempo, y está esperando que tú vuelvas a casa con Él.

En este punto del libro, ¿puedo recibir un gran amén rotundo al hecho de que todos somos bendecidos, quebrantados y atemorizados?

Al principio de este libro, dije que elegí nombrar este libro Bendito, Roto y Asustado porque aquí es donde muchos de nosotros estamos atascados. Continué diciendo que si vamos a ser comunión para otros, debemos pasar por una conversión para convertirnos en un pueblo Bendito, Roto y COMPARTIDO. Es a través de compartir nuestro quebranto y la historia del perdón de Dios que podemos finalmente convertirnos en el pueblo eucarístico que estamos llamados a ser. **"Compartido"** es el título del siguiente capítulo.

MEDITACIÓN
MUSICAL

Quiero animarte a que te tomes un momento para descargar y escuchar la canción *"Truth Be Told"* de Matthew West. Esta canción ha tocado el corazón de mi ser.

Realmente captura la experiencia humana de tratar de ocultar nuestro quebranto. Siempre queremos decirle a la gente que estamos bien, incluso cuando no es cierto. ¿Qué pasaría si nos abriéramos y dijéramos la verdad? Estoy seguro de que esta canción también te llegará al corazón.

COMPARTIDO

NUESTRO LLAMADO A
SER EUCARISTÍA

"Y mientras comían, tomó Jesús el pan, y bendijo, y lo partió, y dio a sus discípulos, y dijo: Tomad, comed; esto es mi cuerpo. Y tomando la copa, y habiendo dado gracias, les dio, diciendo: Bebed de ella todos; porque esto es mi sangre del nuevo pacto, que por muchos es derramada para remisión de los pecados. Y os digo que desde ahora no beberé más de este fruto de la vid, hasta aquel día en que lo beba nuevo con vosotros en el reino de mi Padre. Y cuando hubieron cantado el himno, salieron al monte de los Olivos". Mateo 26: 26-30

La última cena que Jesús compartió con sus discípulos se describe en los cuatro Evangelios (Mateo 26:17-30, Marcos 14:12-26, Lucas 22:7-39 y Juan 13:1-17:26). Esta comida se conoció posteriormente como la Última Cena.

Fíjate en las cuatro cosas que Jesús hizo con el pan durante la última cena. Lo tomó (en otras palabras, lo eligió), lo bendijo, lo partió y lo **compartió**. Compartir es de lo que trata este capítulo.

Al final del último capítulo, ¡todavía estábamos bendecidos, rotos y asustados! Pero, esto no es lo que estamos llamados a ser. Estamos llamados y elegidos para ser Eucaristía: ¡Benditos, rotos y COMPARTIDOS! Bendito, roto y ASUSTADO no es Eucaristía,

Comunión, ni es la Cena del Señor. Es simplemente bendecido y roto. El susto nos deja como evangelizadores ineficaces y nos mantiene rotos.

Recuerda que en el último capítulo te pedí que te centraras en la letra "C" de la palabra ASUSTADO (de la palabra del inglés "scared"). La "C" representaba la palabra "asustado." Ahora veamos la palabra COMPARTIDO por un minuto. En inglés, la palabra "compartido" es "shared." Centrémonos en la H de "shared". Quiero proponer la idea de que la H de "compartido" representa la HONESTIDAD. La honestidad se define como veracidad, franqueza o sinceridad. Si vamos a ser honestos, debemos aprender a admitir nuestro quebranto y ser vulnerables. Piensa en lo cerca que están de la ortografía las palabras "ASUSTADO" y "COMPARTIDO" en inglés: "scared" y "shared." La palabra "asustado" conlleva la humillación y la vergüenza del disgusto, mientras que la palabra "compartido" conlleva el profundo poder de la honestidad. Y dentro de esta honestidad está la verdad que te hará libre.

Creo que las enseñanzas del cristianismo son claras. Estamos llamados a ser Eucaristía para los demás. ¿Has pensado alguna vez en ti mismo como EUCARISTÍA? ¿Has pensado alguna vez en ti mismo como comunión para los demás? ¿Has pensado alguna vez que tu vocación de cristiano te invita a formar parte espiritualmente de los acontecimientos de la Última Cena? A partir de ahora, espero poder convencerte de que empieces a pensar en ti mismo de esta manera.

Veamos la historia del leproso de Marcos 1:40-45.

Vino a él un leproso, rogándole; e hincada la rodilla, le dijo: Si quieres, puedes limpiarme. Y Jesús, teniendo misericordia de él, extendió la mano y le tocó, y le dijo: Quiero, sé limpio. Y así que él hubo hablado, al instante la lepra se fue de aquel, y quedó limpio. Entonces le encargó rigurosamente, y le despidió luego, y le dijo: Mira, no digas a nadie nada, sino ve, muéstrate al sacerdote, y ofrece por tu purificación lo que Moisés mandó, para testimonio a ellos. Pero ido él, comenzó a publicarlo mucho y a divulgar el hecho, de manera que ya Jesús no podía entrar abiertamente en la ciudad, sino que se quedaba fuera en los lugares desiertos; y venían a él de todas partes.

¿Qué vemos en esta historia? Lo que veo es a un hombre que estaba tan rebosante de alegría por haberse salvado que no podía contenerse. Se sintió obligado a compartir sus buenas noticias con los demás.

Siempre hay alegría en la salvación. Siempre hay asombro en un encuentro personal con Jesús. No podemos contenernos. Debemos compartirlo. Algunos lo gritarán desde las cimas de las montañas. Otros lo mostrarán de forma más silenciosa. Pero todos, como el leproso, seremos transformados y querremos compartir esta Buena Nueva de alguna manera.

Compartir requiere más de una persona. No podemos compartir con nosotros mismos. El cristianismo no es un deporte en solitario. Por diseño de Dios, somos personas comunales. La comunidad cristiana es esencial si queremos ser discípulos de Jesucristo. Esto me recuerda de la canción de Three Dog Night, *One Is The Loneliest Number*. La Madre Teresa dijo una vez: "La soledad es la pobreza más terrible". Quizás el autor Dietrich Bonhoeffer lo dijo mejor cuando afirmó: "El que está solo con sus pecados está completamente solo".[10]

La verdadera amistad cristiana es una parte esencial del camino de la vida. Uno de mis escritos favoritos sobre la importancia de la amistad proviene del libro Sirácide (también conocido como Eclesiástico). Este libro, con sus enseñanzas éticas, proviene de un período de aproximadamente 200 a 175 años antes de Cristo. Este libro figura en las Biblias católicas y en algunas episcopales o luteranas. Si bien no figura en el texto principal de una Biblia protestante, suele estar en el apéndice conocido como los libros apócrifos. No es este el momento ni el lugar para discutir los méritos de este libro en cuanto a su inspiración divina. El hecho es que la sabiduría contenida en este libro sobre el tema de la amistad es tan sólida hoy en día para todas las personas como lo fue en el momento en que fue escrito. Esto es lo que está escrito en Eclesiástico 6:14-16:

"Los amigos fieles son un refugio sólido; quien encuentra uno, encuentra un tesoro".

"Los amigos fieles no tienen precio, ninguna cantidad puede equilibrar su valor".

"Los amigos fieles son una medicina que salva la vida; quien teme a Dios los encontrará".

Jesús mismo estableció la iglesia. Envió a sus discípulos en parejas. Conocía la importancia de no estar aislado. Ahora Jesús elige manifestarse a nosotros a través de otros y a otros a través de nosotros.

Te preguntarás: "¿Por qué necesitamos la comunidad?". Una respuesta puede encontrarse en los escritos de Santa Catalina de Siena. Ella escribió que Dios le dijo: "Porque bien podría haberte suministrado todas tus necesidades, tanto espirituales como materiales. Pero quise haceros depender unos de otros".[11]

Una vez leí una comparación interesante. La necesidad de la amistad cristiana fue comparada con la necesidad de saber si las luces de freno funcionan en tu vehículo. En los días anteriores a los coches inteligentes con computadoras, a menudo solo sabíamos si las luces de freno de nuestro coche estaban apagadas cuando alguien nos lo indicaba. De la misma manera, nosotros como cristianos necesitamos que otros nos ayuden a saber cuando nuestras luces de freno espirituales no están funcionando. ¿Necesitas que alguien te diga cuando tus luces espirituales están apagadas? Yo sé que sí.

En la historia del paralítico que se encuentra en Lucas 5:17-20, leemos esto:

Aconteció un día, que él estaba enseñando, y estaban sentados los fariseos y doctores de la ley, los cuales habían venido de todas las aldeas de Galilea, de Judea y Jerusalén; y el poder del Señor estaba con él para sanar. Y sucedió que unos hombres que traían en un lecho a un hombre que estaba paralítico, procuraban llevarle adentro y ponerle delante de él. Pero no hallando cómo hacerlo a causa de la multitud, subieron encima de la casa, y por el tejado le bajaron con el lecho, poniéndole en medio, delante de Jesús. Al ver él la fe de ellos, le dijo: Hombre, tus pecados te son perdonados".

Estos versos me llevan a considerar que tal vez hay momentos en nuestras vidas en que nuestros amigos, reconociendo nuestra condición rota y herida, necesitan llevarnos como los amigos del paralítico lo llevaron a las manos salvadoras de Jesús. Del mismo modo, si sabemos que nuestros amigos están lidiando con el dolor, el conflicto y el quebrantamiento, estamos llamados a llevarlos a nuestro Señor. ¿Cómo sabrán nuestros amigos hacer esto, o cómo sabremos nosotros hacer esto por nuestros amigos si alguno de nosotros lleva una máscara para ocultar su dolor?

VIVIR EN COMUNIDAD

La vida de los primeros cristianos se basaba en la vida en común. Se reunían para aprender y seguir las enseñanzas de los doce apóstoles. Se formaban en torno a la liturgia eucarística diaria (es decir, la fracción y el reparto del pan). Oraban juntos. La Biblia nos dice que, como resultado de su compromiso, el Señor aumentó su número y muchos se salvaron.

Vida comunitaria

Y perseveraban en la doctrina de los apóstoles, en la comunión unos con otros, en el partimiento del pan y en las oraciones. 43 Y sobrevino temor a toda persona; y muchas maravillas y señales eran hechas por los apóstoles.44 Todos los que habían creído estaban juntos, y tenían en común todas las cosas; 45 y vendían sus propiedades y sus bienes, y lo repartían a todos según la necesidad de cada uno. 46 Y perseverando unánimes cada día en el templo, y partiendo el pan en las casas, comían juntos con alegría y sencillez de corazón, 47 alabando a Dios, y teniendo favor con todo el pueblo. Y el **Señor añadía cada día a la iglesia los que habían de ser salvos.** *- Hechos 2:42-47*

Si la vida en común era esencial para los primeros cristianos, ¿por qué debería ser diferente para nosotros hoy? La comunidad sigue siendo una parte vital y esencial del ser cristiano. La reunión de los cristianos en pequeños grupos que se reúnen semanalmente les da la oportunidad de quitarse la máscara, de ser vulnerables, de vivir abierta y honestamente, y de compartir las alegrías y las penas del camino cristiano con otros cristianos solidarios. El propósito fundamental de estos grupos es construir amistades profundas y significativas enraizadas en un amor común y compartido por Jesucristo.

La mayoría de los cristianos son activos en algún tipo de ministerio. La gran variedad de ministerios tiene cada uno sus propias razones específicas para reunirse. Tal vez cantas en el coro, y por lo tanto te reúnes para la práctica del coro. Tal vez te reúnes semanalmente con otros cristianos para trabajar en un comedor de beneficiencia para alimentar a los pobres. Tal vez formas parte de un grupo de estudio bíblico activo. Todos estos grupos son buenos, pero no son el tipo de reunión de grupo del que estoy hablando aquí.

Me gustaría utilizar la analogía de un teléfono inteligente moderno. Los teléfonos inteligentes son capaces de muchas cosas. Se dice que tienen más potencia de cálculo que los cohetes Apolo. Pero por muy potentes que sean, si no se enchufan para cargar su pila, estos mismos smartphones se convierten rápidamente en piezas de plástico y cristal sin valor. Deben permanecer cargados para llevar a cabo las numerosas tareas de las que son capaces.

Lo mismo ocurre con cada uno de nosotros en nuestro camino cristiano. Necesitamos ser parte de un grupo central con el propósito de mantenernos cargados y funcionando adecuadamente mientras nos esforzamos por llevar a cabo las diversas tareas que estamos llamados a hacer en el Reino de Dios. Un grupo que funciona correctamente debe dar energía y sustento a sus miembros para que cada uno pueda vivir su vida individual como mejores cristianos.

¿Estás actualmente en un grupo así? Si lo estás, te aplaudo, y lo que voy a compartir puede ayudar a añadir algunas cosas para que tu grupo sea mejor. Si no estás actualmente en un pequeño grupo cristiano que se reúna semanalmente con el propósito que mencioné anteriormente, quiero animarte fuertemente a encontrar o comenzar un grupo con ese propósito. El boletín semanal de tu iglesia podría identificar algunos buenos grupos a los que unirte.

Aunque sea importante encontrar amigos con los que puedas empezar a compartir tu viaje, no compliques demasiado esta tarea. Es importante reunirte regularmente con varios amigos en un grupo. Pero también, si solo tienes un amigo en el que puedes confiar para reunirte regularmente, por supuesto, empieza a reunirte. La clave es empezar. Céntrate en la necesidad de reunirte, no en el tamaño del grupo. Busca a un amigo y encuentra una razón para empezar a compartir. A partir de este libro, me referiré a estos grupos como *Grupos de Amistad Centrados en Cristo*.

Primero, le proporcionaré una lista de algunos consejos importantes para crear y sostener un grupo cristiano poderoso e impactante. A continuación, te proporcionaré una guía para llevar a cabo las discusiones de tu grupo.

Cada semana tu grupo debe reunirse en el mismo lugar, si es posible. Debes seguir un patrón prescrito cada semana. Todos deben tener tiempo para compartir. La reunión debe comenzar y terminar en oración.

Claves para el éxito del grupo

Reúnete cada semana a la misma hora.

Utiliza el formato de Amistad Centrada en Cristo que se indica a continuación como guía semanal

Trata de mantenerte enfocado en los temas de discusión.

Permite unos minutos para que cada persona comparta su experiencia durante la semana pasada con respecto al tema **BENDITO** primero. A continuación, permite que cada persona hable de sus experiencias **ROTAS** de la semana. Por último, permite que cada persona hable del tema **COMPARTIDO.**

Sé respetuoso con el tiempo asignado. Por lo general, cada persona tiene solo de tres a cinco minutos para compartir sobre cada tema si desea mantener la reunión en una hora.

Limita tu respuesta a lo que digan los demás. Éste no es un momento para discutir. Es una oportunidad para que cada persona **comparta sus experiencias de la semana.**

Mantén el tiempo del grupo limitado a una hora o una hora y media.

El tamaño ideal del grupo es de tres a seis personas. Pero, como he dicho antes, lo importante es compartir con amigos cercanos en el tamaño de grupo que sea adecuado para ti.

Debes estar abierto a nuevos miembros.

Divide el grupo en grupos más pequeños si crece demasiado.

Ayuda a otros a crear nuevos grupos.

Asiste a tu grupo incluso los días en que no quieras ir o sientas que no tienes nada que compartir.

Lo que se comparte en un grupo se queda en un grupo. **La confidencialidad es de suma importancia.**

Nunca pierdas de vista el objetivo. El objetivo es construir AMISTADES enraizadas en nuestro amor común por Jesucristo. No permitas que seguir la mecánica de la reunión se convierta en el objetivo. La amistad es el objetivo.

Reuniones de grupos de amistad centrados en Cristo

La reunión de cada semana debe comenzar y terminar en oración. Los grupos en los que he participado comienzan con una oración al Espíritu Santo, mientras que otros empiezan con el Padre Nuestro. Cada grupo puede decidir con cuál oración comenzar.

BENDITO

El primer tema a tratar es el de la **bendición**. Aquí cada participante comparte cómo ha sido bendecido por Dios en la semana anterior. A continuación se sugieren temas de discusión para mantener el rumbo de la reunión y evitar que la conversación se desvíe hacia discusiones sobre otros temas mundanos.

¿De qué manera has experimentado más la bendición de Dios en tu vida esta semana?

¿Cómo fue tu vida de oración?

¿Qué estás estudiando para aprender más sobre Dios?

¿Cuál fue el momento en que te sentiste más cerca de Cristo en la semana pasada?

¿Te ha revelado Dios algo nuevo o sorprendente sobre Él mismo esta semana?

¿Te ha revelado Dios algo nuevo o sorprendente sobre ti esta semana?

ROTO

El segundo tema a tratar es **Roto.** Durante este tiempo, cada participante comparte cómo se ha roto o herido en la última semana. En otras palabras, comparten abiertamente y con transparencia con sus amigos sus luchas. El siguiente es el tema sugerido para discutir.

¿Qué obstáculos y/o pecados has encontrado en tu vida esta semana que han enturbiado tu relación con Dios o te han impedido ser el discípulo que estás llamado a ser?

COMPARTIDO

El tercer tema a tratar es **Compartir**. En este momento de la reunión, cada persona tiene la oportunidad de hablar con sus amigos sobre cómo ha compartido su fe con los demás. Aquí es donde revelamos nuestros intentos de llevar la Buena Nueva de Cristo a los demás. Aquí es donde informamos de nuestras acciones evangélicas.

> Después de revisar tus bendiciones y/o quebrantos en la conversación anterior, ¿qué has aprendido que puedes compartir con otros para ayudarlos a acercarse a Cristo?
>
> ¿Cómo fuiste un alentador esta semana para alguien que estaba perdido, herido o quebrantado?
>
> ¿Perdiste alguna oportunidad de compartir a Cristo con alguien esta semana?

Una vez más, quiero subrayar que Jesús es quien envió a los apóstoles por parejas. Él es quien estableció la idea y la importancia de la comunidad cristiana. Si quieres profundizar en tu relación con Cristo y quieres obtener la fuerza para manejar las dificultades de la vida, te animo encarecidamente a que te unas o establezcas un grupo y te comprometas a reunirte semanalmente durante el resto de tu vida. Te prometo que te alegrarás de haberlo hecho.

TRES RASGOS
DE PERSONALIDAD

Durante los últimos 34 años que he estado participando en estas reuniones semanales de grupos pequeños, he hecho una observación interesante. No solo mi observación parece ser cierta en estos pequeños grupos cristianos, sino que parece ser cierta en casi todas las reuniones de personas.

Aunque no soy un psicólogo entrenado, me parece que la gente puede ser categorizada en tres grupos de personalidad distintos: los que atraen a la gente, los que alejan a la gente y los que parecen estar ausentes de lo que expresan los demás en el grupo

Yo llamo a los del primer grupo los ANIMADORES. Son los que atraen a la gente. Son los que consiguen que la gente se abra. En pocas palabras, animan a los demás en el grupo a compartir sus pensamientos y sentimientos más profundos.

Los animadores crean un lugar seguro para que los demás en el grupo sean más vulnerables. Hacen que los miembros del grupo se sientan cómodos siendo ellos mismos. Los animadores hacen preguntas como: "¿Tienes algo en mente?" "¿Qué está pasando en tu vida?" "¿Cómo te sientes hoy?" "Parece que algo te preocupa, ¿te pasa algo?" "Hoy estás muy callado, ¿qué te molesta?".

Al segundo grupo que he observado lo llamo los INHIBI-DORES. Los que muestran este rasgo de personalidad tienden a decir cosas en la conversación que alejan a los demás. Dicen cosas que hacen que los demás tengan miedo de abrirse. Dicen cosas que hacen que los demás guarden sus pensamientos más íntimos. Lo que dicen estas personas ahoga el compartir sincero y honesto. Los inhibidores suelen hacer que los demás mantengan sus máscaras firmemente en su sitio. Las personas inhibidoras rara vez saben que lo son. No tienen ni idea de que lo que dicen está cerrando a los demás. Permíteme darte algunos ejemplos.

Después de uno de mis retiros, una mujer se me acercó para compartir un secreto muy doloroso. Me dijo que era miembro de un pequeño grupo cristiano como yo, que animaba a la gente a unirse. Continuó diciéndome que tenía miedo de abrirse a las otras damas del grupo acerca de su quebrantamiento. Me dijo que las otras mujeres del grupo solían hacer comentarios hirientes y despectivos sobre mujeres de las que habían oído o leído que habían abortado.

Resultó que esta mujer con la que hablaba había abortado en el pasado. Era algo de lo que se arrepentía, y era el área de su más profundo quebranto. Sin embargo, con saber que las demás en el grupo habían hablado mal de las mujeres que habían abortado, se quedó callada y contuvo su dolor. Yo era una de las pocas personas a las que se lo había contado. Me entristece pensar que tenía miedo de contar su dolor a sus mejores amigas. Estoy seguro de que las otras mujeres no tenían ni idea de cómo estaban hiriendo a una de sus amigas.

He aquí otro ejemplo del rasgo de personalidad inhibidor. Supongamos por un momento que has desarrollado una adicción a los medicamentos recetados para el dolor. Ninguno de tus amigos lo sabe. Hoy vas a un restaurante con tres de tus amigos cristianos más cercanos. Necesitas ayuda y lo sabes. Hoy tienes la intención de abrirte y compartir lo que te pasa. En la charla ociosa que tiene lugar mientras todos se reúnen, alguien saca a colación un artículo que ha visto en el periódico sobre el gran número de personas que son adictas a los analgésicos. Alguien del grupo dice algo así: "No puedo creer que alguien pueda ser tan débil de mente como para volverse adicto así". Los demás intervienen con comentarios despectivos similares. La conversación te indica que no es seguro contarles tu lucha a tus amigos. Guardas tu secreto. Tu adicción solo empeora.

Quiero compartir un ejemplo más para demostrar mi punto de vista. Supongamos por un momento que, al igual que en el ejemplo anterior, te presentas en una reunión de tus amigos cristianos más cercanos. Estás profundamente avergonzado pero quieres compartir con ellos que estás luchando con una adicción a la pornografía. Este es tu secreto mejor guardado. Alguien del grupo hace un chiste sobre la adicción a la pornografía basándose en alguna noticia reciente que acaba de escuchar. Esto solo sirve para que te sientas más avergonzado. Ese día dejas el grupo con tu secreto intacto. Ese día no se produce ninguna curación. Tu lucha continúa. La luz se hace más tenue dentro de tu muro de la vergüenza. Una vez más, los miembros del grupo no tienen ni idea de cuánto te han herido sus bromas.

Al tercer y último tipo de personalidad lo llamo IGNORADOR. Los que pertenecen a esta categoría no atraen a la gente como un Animador ni sofocan la conversación como un Inhibidor. Estas personas se reúnen con otras en el grupo y escuchan lo que dicen los demás, pero lo que oyen simplemente no les llega. No oyen que la otra persona puede estar sufriendo. Puede que oigan a alguien del grupo mencionar que está lidiando con el dolor por la reciente muerte de su padre y, en cierto modo, le quitan importancia diciendo algo como: "Sí, lleva un tiempo superar el dolor". Lo que no dicen es: "¿Cómo puedo ayudarte?" o "¿Has considerado hablar con un consejero de duelo al respecto?". Las personas con este tipo de personalidad no pretenden hacer daño, pero simplemente pierde la importancia de lo que otra persona está intentando compartir sutilmente.

Espero haber expresado claramente los matices de estos tres tipos de personalidad. Es posible que estés leyendo esto y tratando de determinar cuál de estos rasgos de personalidad exhibes. El hecho interesante es que todos nosotros tenemos estos tres tipos de personalidad dentro de nosotros. En cualquier momento del día, dependiendo de la dinámica del grupo y del tema de discusión, podemos mostrar cualquiera de ellos.

¿Cuál es el que más quieres mostrar? Por supuesto, todos queremos ser el animador compasivo y cariñoso. Espero que al llamar tu atención sobre esto, te des cuenta la próxima vez que seas un inhibidor o un ignorante que te cambies rápidamente de rumbo. Todos tenemos que trabajar duro para convertirnos en el Animador que nuestra fe cristiana nos llama a ser.

Si vamos a crecer en nuestra fe y en nuestra relación con nuestro Señor y si vamos a ayudar a otros a hacer lo mismo, debemos hacer una prioridad para crear siempre una zona segura en nuestros grupos para que la gente comparta libremente sus secretos y luchas más profundas sin temor a ninguna represalia negativa, estigmatización o chismes. El hecho de que compartan sus secretos tiene que ser respondido con la preocupación de Cristo por su bienestar. Tristemente, debo decirte que estuve en estos grupos con mis amigos cristianos más cercanos cada semana durante 23 años antes de tener el valor y sentir que era lo suficientemente seguro como para revelar mis luchas y quebrantos.

Me siento obligado a hacer algunos puntos clave aquí. Aunque creo que es importante tener un grupo seguro de amigos cristianos con los que podamos compartir honesta y abiertamente nuestras luchas en la vida, no es necesario que compartamos estas profundas heridas con todos. Recuerda lo que dice el Eclesiástico 6:6: *"Que los amigos sean muchos, pero uno entre mil sea tu confidente"*. Es esencial tener verdaderos amigos cristianos con los que compartir, pero algunos dolores son tan profundos que sería mejor compartirlos con un consejero o psicólogo profesional. Ten en cuenta, además, que es fundamental para nuestro viaje espiritual que compartamos nuestras pruebas y quebrantos con alguien. Nunca queremos viajar solos, y no es bueno que nos guardemos nuestros quebrantos en nuestro interior. Sin embargo, contar nuestras luchas a demasiadas personas puede empeorarlas. El Eclesiástico 6:14 nos da esta seguridad: *"Los amigos fieles son un refugio sólido; quien encuentra uno, encuentra un tesoro"*.

Por último, quiero concluir este capítulo sobre los tres tipos de personalidad con unas palabras de orientación para esos momentos en los que alguien comparte sus luchas contigo. El siguiente punto es tan importante que tal vez quieras anotarlo. Cuando alguien comparte sus penas y luchas con nosotros, lo más importante es que le escuchemos. También debemos tener en cuenta que no se nos pide que arreglemos su problema. Se nos pide que nos preocupemos. Estamos llamados a estar ahí, a estar presentes, y quizás nada más. Un abrazo puede ser más importante que las palabras. Romanos 12:15 nos dice que estamos llamados a *"Llorar con los que lloran"*.

Echemos un vistazo a tres ejemplos del Nuevo Testamento. Primero tenemos a Juan. Juan fue el único apóstol que no se dispersó después del arresto de Jesús. Podría haber estado enojado y molesto con sus amigos. Todos ellos habían abandonado a Jesús en su momento más difícil. ¿Había algo que Juan pudiera hacer para detener el resultado de la crucifixión? No, si lo hubiera intentado, los romanos probablemente lo habrían matado también. Aunque Juan no pudo impedir la crucifixión, permaneció con su amigo hasta el final (Juan 19:26-27). Estoy seguro de que verlo allí en el camino le dio consuelo a Jesús en su momento de necesidad.

Luego estaba Simón de Cirene. Simón no impidió la crucifixión, pero aligeró la carga de Jesús ayudándole a llevar la cruz (Mt.27:32, Mc 15:21, Lc 23:26). A veces estamos llamados a ayudar a llevar la cruz de otra persona. Nos vemos arrastrados a una situación difícil, y nos convertimos en parte de las dificultades compartidas por otra persona. Simón se convirtió en esa persona para nuestro Señor.

Finalmente, mientras Jesús colgaba de la cruz, cubierto de sangre de los clavos y de haber sido azotado, ve a su madre (Juan 19:25-26). ¿Había algo que María pudiera hacer para impedir lo que estaba sucediendo? No, no lo había. María simplemente estaba presente, compartiendo el dolor de alguien a quien amaba. Está presente y calla. La pena y el dolor de su hijo se convierten en su pena y su dolor, sin decir una palabra. Sin embargo, dicho esto, supongo que para Jesús significó un mundo ver a su madre de pie cerca.

Si tú y yo nos preocupamos, y si nos esforzamos por ser buenos animadores, podemos estar ahí para aligerar la carga que llevan nuestros amigos, y del mismo modo, ellos pueden estar ahí para nosotros.

Ralph Waldo Emerson lo dijo así: "Un día para el trabajo, una hora para el deporte, pero para un amigo la vida es demasiado corta".[12]

SANADORES HERIDOS

Hasta este punto de esta sección, he subrayado la importancia de lo esencial que es ser abierto y honesto con los demás sobre nuestras debilidades y luchas. Anteriormente, en el capítulo "Rotos", afirmé que todos nosotros estamos rotos de alguna manera. Cuando revelamos abiertamente nuestro quebranto a los demás, les damos permiso para que también se quiten la máscara y nos revelen su lucha en la vida. Éste es un proceso muy curativo, y es la razón por la que llamo a este capítulo "Sanadores heridos".

Piensa en esto, ¿cuándo fue Jesús el más efectivo en su ministerio? Desde mi punto de vista, Jesús fue más efectivo cuando estaba más herido. En Lucas 23:34, Él dice: "Padre, perdónalos". En Juan 19:30, dijo: "Está consumado". Cuando Jesús fue herido, torturado, ensangrentado y jadeando su último aliento en la cruz, dio su vida en expiación por nuestros pecados, concediéndonos así el don de la vida eterna. Jesús resucitó victorioso al tercer día en su cuerpo glorificado, pero con sus heridas aún visibles.

¿Y tú y yo? ¿Estamos dispuestos a hacer visibles nuestras heridas si sabemos que al hacerlo podemos revelar a otros la alegría que hemos experimentado al ser amados y perdonados por nuestro Salvador? Cuando compartimos con otros la redención que hemos experimentado a través de Jesucristo de los pecados que nos mantuvieron cautivos durante tanto tiempo, les damos esperanza. Empiezan a darse cuenta de que Jesús les ama también a ellos, a pesar de su quebrantamiento.

Como dije al principio de este libro, San Agustín nos dice que para conocer a Dios, debemos conocernos a nosotros mismos. John Denver cantó la canción *Tenderly Calling*. La canción señala que no debemos intentar huir de las tormentas en nuestra vida. Si queremos avanzar en nuestra conversión, debemos estar dispuestos a ir más allá de nuestro miedo, ponernos de pie y mirar con sinceridad nuestro propio reflejo en el espejo. En el silencio de nuestro reflejo, puede que oigamos la tranquila voz de Jesús llamándonos a casa. Con Cristo a nuestro lado, podemos atravesar cualquier tempestad que se desate en nuestra vida.

La idea de tomarse un tiempo para reflexionar profundamente sobre nuestras vidas puede ser aterradora. La idea de revelar a los demás el quebranto que vemos en nuestro interior puede compararse con la furiosa tormenta mencionada en la canción. Para acercarnos a nuestro Señor, debemos derribar los muros de la vergüenza que nos mantienen aislados y solos en nuestra oscuridad. Debemos levantarnos y enfrentarnos a nuestros reflejos. Debemos afrontar tanto lo bueno como lo malo que hay en nosotros. Una vez que seamos lo suficientemente valientes como para revelar abiertamente nuestras faltas a los demás, la tempestad interior se calmará. En la vulnerabilidad de nuestro sincero compartir, podemos experimentar un profundo encuentro con Cristo a través de la persona con la que compartimos. Es en este momento cuando experimentamos la alegría del hijo pródigo que vuelve a casa con el padre.

TERCER EJERCICIO

EL EJERCICIO DEL ESPEJO

Durante los retiros que dirijo, cada asistente recibe un pequeño espejo redondo. Les pido que sostengan el espejo y se miren profundamente a los ojos. Ahora te pido que te mires en un espejo. Si no tienes acceso a un espejo, siempre puedes utilizar la cámara de tu teléfono móvil en modo selfie.

Mírate fijamente a los ojos mientras te hago las siguientes preguntas:

> ¿Ves tu verdadero yo?
>
> ¿Ves a un pecador?
>
> ¿Ves a alguien que ha sido herido por el mundo o roto por el pecado?
>
> ¿Ves algún secreto bien guardado?
>
> ¿Ves a alguien encadenado por algún área de pecado?
>
> ¿Alguien más conoce tu verdadero yo?

Ahora, mientras reflexionas sobre la persona que te mira en el espejo, piensa en esto: Dios te ama tanto que dio a su único Hijo para que pudieras creer en él y tener vida eterna. Dios te conoció en el vientre materno antes de que nacieras. Dios conocía todos los pecados que ibas a cometer. Él ama tanto a la persona que estás mirando en el espejo que si fueras la única persona viva, Él todavía habría enviado a Su Hijo para salvarte. Si Dios te ama tanto, ¿puedes empezar a amar a la persona en el espejo tanto como lo hace Dios? ¿Puedes perdonar a la persona del espejo como Dios ya lo ha hecho? Necesitamos trabajar duro para ver a la persona que Dios ve, y necesitamos amar a esa persona que Dios ama.

Permíteme compartir una historia que ilustra este punto. Supongamos por un momento que estás manejando tu coche hacia el este durante las primeras horas de la mañana. El sol brilla intensamente a través de tu parabrisas. ¿Qué aspecto tiene tu parabrisas? Sospecho que puedes ver cada marca de mancha, cada mancha de suciedad, cada insecto aplastado y toda la cristalización del cristal que se ha producido por el impacto de la suciedad y los residuos. En resumen, cuando el sol brilla a través del parabrisas, parece un desastre.

Ahora maneja ese mismo coche por la noche. Supongamos que no hay coches que vengan de la otra dirección. Estás manejando en la oscuridad. ¿Cómo se ve el parabrisas? Parece claro. Cuando no hay luz que brille a través del parabrisas desde el exterior, no hay nada que ilumine las imperfecciones del cristal.

Lo mismo ocurre en nuestra propia vida. Cuando nos miramos en el espejo, es el HIJO DE DIOS, no el sol, quien ilumina nuestros defectos. Lo hace de forma amorosa y suave para que seamos conscientes de nuestras imperfecciones y trabajemos para hacer los cambios necesarios en nuestra vida. Si, por el contrario, nos miráramos en el espejo y todo se viera bien, si no viéramos ninguna imperfección, podría ser una indicación de que nos dirigimos hacia la oscuridad. Tenemos que entender que ver y ser conscientes de nuestros defectos y pecados no es algo malo. De hecho, ver estas imperfecciones es un regalo de Dios. Él nos ama tanto que desea revelarlas para que podamos arrepentirnos y experimentar su increíble perdón, amor y misericordia.

A medida que aprendemos a amar y a hacernos amigos de la persona herida y quebrantada que miramos en el espejo, nos volvemos mejores para amar a las personas quebrantadas que conocemos y encontramos cada día con el amor de Cristo. A esto me refiero cuando digo que estamos llamados a ser SANADORES DE HERIDOS.

El Papa Francisco lo dijo así: **"Cuanto más conscientes seamos de nuestra miseria y de nuestros pecados, cuanto más experimentemos el amor y la misericordia infinita de Dios entre nosotros, entonces más capaces seremos de mirar con aceptación y misericordia a los muchos "heridos" que encontramos en el camino"**.[13]

Piensa en esto. Jesús fue más eficaz en su ministerio público cuando estaba más herido. Cuando estaba colgado en la cruz, y cuando exhaló su último aliento, sanó a la humanidad. Dio su vida para que todos los que creyeran en Él se salvaran. Jesús fue el máximo sanador de heridos. Como seguidores de Jesús, debemos hacer lo que Él hizo. Aunque estemos heridos, tenemos que salir a compartir con otros La Buena Nueva de que Jesús nos ama aunque estemos lejos de ser perfectos. Tenemos que hacerles saber que Jesús también los ama, sin importar lo quebrantados que estén. Cuando hacemos esto, estamos siendo Eucaristía para los demás. Somos, en ese momento, bendecidos, rotos y compartidos.

EL RESPLANDOR DE LA LUNA

Ahora me gustaría hacer un punto muy importante. Voy a utilizar la luna como analogía para hacer este punto. La humanidad lleva escribiendo, cantando canciones y recitando poemas sobre la luna desde que existe el planeta. Ha dejado su huella en nuestro lenguaje, arte, mitología y, por supuesto, en el calendario lunar. Nos encanta idealizar la luna.

¿Qué tiene la luna que ha cautivado el corazón del hombre? Para responder a esta pregunta, primero debemos entender lo que la luna es y lo que no es. Para empezar, en contra de los cuentos infantiles, la luna no está hecha de queso. La opinión generalizada es que la luna se formó a partir de los restos de un impacto entre la tierra y otro gran objeto espacial del tamaño de un planeta. Frases como superficie muerta o lagos de lava secos se utilizan a menudo para describir la superficie de la luna. En esencia, la luna es una roca espacial. Incluso se podría decir que, dado que son restos de desechos, la luna es realmente basura espacial.

Entonces, cabe preguntarse si es chatarra espacial, ¿por qué es tan romántica? Es la luz de la luna la que ha captado nuestra atención. Después del sol, la luna es el segundo objeto celeste más brillante que se ve regularmente en el cielo de la Tierra. Sin embargo, la luna en sí no emite ninguna luz. La superficie de la luna es oscura. La luna se limita a reflejar la luz del sol. Es la luz del sol, que se refleja en este gran trozo de basura espacial, lo que nos parece tan hermoso.

¿Cuál es el propósito de que utilice esta analogía? Debido a nuestra condición de seres humanos heridos y rotos, se podría decir que somos como la luna. Al igual que la superficie de la luna, estamos cubiertos con las cicatrices de nuestros pecados pasados. Metafóricamente hablando, podemos ser comparados con la chatarra espacial. Si nosotros, como "chatarra espacial", vamos a traer luz a los que nos rodean, debemos darnos cuenta de que nuestra luz viene de Jesucristo.

Ahora bien, aquí es donde mi metáfora se rompe. A diferencia de la luna, que refleja la luz del SOL, nosotros no estamos llamados a reflejar la luz del HIJO de Dios. Verás, la luna no tiene luz dentro de ella. Solo puede reflejar la luz. Tú y yo podemos *irradiar* una luz desde nuestro interior.

La Biblia deja claro que la luz de Cristo y su Espíritu Santo residen dentro de nosotros. Te invito a leer estos versículos.

Romanos 8:10: *Pero si Cristo está en vosotros, aunque el cuerpo esté muerto a causa del pecado, el espíritu está vivo a causa de la justicia.*

Gálatas 2:20: *Sin embargo, ya no vivo yo, sino que Cristo vive en mí; en la medida en que ahora vivo en la carne, vivo por la fe en el Hijo de Dios que me ha amado y se ha entregado por mí.*

I Corintios 6:19: *¿No sabéis que vuestro cuerpo es templo del Espíritu Santo que está en vosotros, el cual tenéis de Dios, y que no sois vuestros?*

A pesar de nuestra condición rota, tenemos la seguridad de que Dios habita en nosotros. Por lo tanto, estamos llamados no solo a reflejar la luz de Cristo, sino que estamos llamados a IRRADIAR SU LUZ a todos los que nos rodean.

UNA PUERTA ROTA

Anteriormente en el libro, conté la historia de la Parábola de la Puerta Rota. Me cautivó tanto la analogía de una puerta rota que llamé a mi ministerio Ministerios de la Puerta Rota. Dediquemos un momento a analizar una vez más este concepto de la puerta rota.

Quiero enfatizar el punto de que es posible entrar en un hogar aunque la puerta esté rota y apenas cuelgue de las bisagras. Del mismo modo, tenemos que pasar nuestras vidas permitiendo que otros entren en nuestras vidas para encontrar a Cristo dentro de nosotros, sí, aunque nosotros mismos estemos rotos.

Con demasiada frecuencia, los cristianos, por escrupulosidad, adoptan la postura de que no son dignos de evangelizar porque no son perfectos. Si ser perfecto fuera el elemento clave para responder al llamado de Dios, Moisés, el rey David, San Pablo y otros innumerables santos a lo largo de los años habrían sido excluidos. Nuestro bautismo nos hace dignos. Sabemos por San Pablo en 1Cor1:26 que Dios se deleita en llamar a aquellos que aparentemente no están calificados. En 1Tim.1:12, leemos que Dios nos juzga dignos cuando nos llama. En virtud de nuestro bautismo, estamos llamados a traer a otros a la familia de Dios, a ser evangelizadores.

Es precisamente por nuestro quebrantamiento que nos convertimos en evangelizadores ideales. Tenemos una historia personal que contar. Se nos ha dado la oportunidad de compartir con otros la Buena Nueva del amor y la misericordia que Jesús nos concedió. Esto les da la esperanza de que ellos también pueden ser salvados.

Después de curar al hombre sordo que tenía un impedimento para hablar, Marcos 7:36 nos dice que Jesús le ordenó al hombre que no se lo contara a nadie. Sin embargo, leyendo más adelante, vemos que cuanto más ordenaba a los que había sanado que no contaran lo que había ocurrido, más lo proclamaban. Es difícil contener la emoción de tener un encuentro personal de curación con Jesús. Nosotros, como el sordo, debemos proclamar con entusiasmo nuestra alegría a todo el que quiera escuchar nuestra historia.

Nunca debemos olvidar que una puerta rota aún puede permitir la entrada a alguien que, una vez dentro, podría encontrarse con la puerta perfecta de Jesucristo. Termino cada uno de mis podcasts semanales diciendo esto: "Sé la puerta, por muy rota que estés, por la que otros puedan entrar para encontrar a Cristo". Esta es también la razón por la que he repartido pulseras a los que asisten a mis retiros que dicen: **"SÉ LA PUERTA"**.

ENCONTRAR A CRISTO EN NUESTRA VULNERABILIDAD

Quiero ser muy claro en algo: la vulnerabilidad da miedo. He escrito mucho sobre la importancia de dar a conocer nuestro quebranto a los demás. Ciertamente es un proceso doloroso. Jesús nos implora que superemos nuestro orgullo, que nos humillemos y que seamos vulnerables. Es como si Él nos animara, nos urgiera en el camino. Sin embargo, esto no es fácil, y no es divertido. A mí me aterrorizó hacerlo durante 42 años de mi vida.

Pero quiero volver al principio del libro. Allí dije que Jesús tomó el pan. En otras palabras, Él escogió un pedazo de pan específico. Del mismo modo, Dios te elige específicamente a ti. Él nos llama con pleno conocimiento de nuestra condición rota para ser evangelizadores.

Por supuesto, como dije al principio, para dar a conocer nuestro quebranto, debemos conocernos bien a nosotros mismos. Esto requiere que hagamos un viaje de miedo. Yo lo llamo el "Viaje al Infierno". Debemos embarcarnos en un viaje desalentador hacia las zonas más profundas y oscuras de nuestra alma.

Afrontémoslo, todos tenemos el mal dentro de nosotros. Nuestro orgullo y ego intentan bloquear nuestra capacidad de ver el mal dentro de nosotros y vernos como realmente somos. Trabajan en conjunto para cegarnos a nuestros defectos y pecados. Además del orgullo y el ego, la vergüenza interviene para paralizarnos. Nos acosa con la idea de que somos una mala persona. Tememos que nuestros defectos sean expuestos a los demás.

Pero en realidad, no somos diferentes de la mayoría de la gente. Marcos 7:20-23 nos dice: *"De dentro de la gente, de su corazón, salen los malos pensamientos, la impudicia, el robo, el asesinato, el adulterio, la avaricia, la malicia, el engaño, el libertinaje, la envidia, la blasfemia, la arrogancia, la insensatez. Todos estos males vienen de dentro y contaminan"*.

La mayoría de nosotros se esfuerza por dar una buena impresión a los demás. Estamos relucientes por fuera. Pero por dentro, encontramos el óxido y la corrosión del pecado. En Mateo 23:28, Jesús nos describe: *"Por fuera parecen justos, pero por dentro están llenos de hipocresía y maldad"*. En el versículo 26, Él dice: *"Fariseo ciego, limpia primero el interior del vaso, para que también el exterior quede limpio"*.

Mientras escribo esto, estamos viviendo en una época en la que la limpieza se ha vuelto cada vez más importante. Debido a la pandemia del Coronavirus, se nos dice sin cesar que nos lavemos las manos y que usemos desinfectante para manos. Me pregunto si somos tan fastidiosos a la hora de limpiar nuestra alma del mal como lo somos a la hora de librarnos de Covid-19.

No podemos permitir que la vergüenza nos impida ser vulnerables y honestos con nosotros mismos y con los demás sobre las cosas de nuestra vida que nos separan de Dios. No estamos solos en nuestra pecaminosidad. Romanos 3:23 nos dice: *"Todos han pecado y están privados de la gloria de Dios"*. En 1 Juan 1:8-9, leemos: *"Si decimos que no tenemos pecado, nos engañamos a nosotros mismos, y la verdad no está en nosotros. Si reconocemos nuestros pecados, él es fiel y justo y perdonará nuestros pecados y nos limpiará de toda maldad"*.

Amigos míos, los pecados recurrentes embotan nuestra conciencia. Si no se controlan, pueden llevarnos a separarnos de Dios. Debemos estar dispuestos a enfrentarnos a nuestro mal interior. El pecado es real, y la necesidad de arrepentimiento es real. Cada pecado que cometemos inflige una herida más al Cuerpo de Cristo, el mismo que vino a salvarnos de nuestro pecado.

Además de causar estragos en nosotros personalmente, el pecado causa estragos en los que nos rodean. Pensamos que el pecado nos perjudica solo a nosotros. Pero en verdad, como comunidad de creyentes, como leemos en 1 Corintios 12:26, *"Si un miembro sufre, todos sufren juntos"*. Nuestro pecado hace que otros sufran también.

Para liberarnos de este sufrimiento y de las cadenas que nos atan a acercarnos a Dios, debemos estar dispuestos a atravesar el infierno interior. Hacer un balance de nuestro lado malo nos ayuda a arrepentirnos más honestamente. Si no recorremos nuestro infierno interior, corremos el riesgo de volvernos complacientes con nuestros pecados. Si no reconocemos nuestros pecados, es evidente que nos esclavizarán.

Cuando nos armamos de valor para hablar a los demás de nuestras heridas y quebrantos, rompemos las cadenas de la vergüenza que nos atan, y la oscuridad que existe en nuestro interior se llenará de Jesucristo y se volverá tan brillante como el sol del mediodía.

A medida que nos hacemos más conscientes de nosotros mismos y de nuestros defectos, también nos encontramos cara a cara con Dios y su misericordia. Es en este encuentro con Dios donde recibimos el valor para contar a los demás lo que Dios ha hecho por nosotros.

La apertura con los demás requiere nuestra humildad. Somos humildes cuando aceptamos la realidad de que somos personas defectuosas y pecadoras. La humildad es algo bueno. En 1 Pedro 5:6-7, leemos: *"Humillaos, pues, bajo la poderosa mano de Dios, para que él os exalte a su debido tiempo. Echad todas vuestras preocupaciones sobre él, porque él cuida de vosotros"*.

Sabemos que Dios tiene una larga historia de utilizar a las personas rotas para lograr cosas buenas en su Reino. San Pablo lo confirma en sus palabras de 1 Corintios 1:26-31: *"Dios eligió a los necios del mundo para avergonzar a los sabios, y Dios eligió a los débiles del mundo para avergonzar a los fuertes, y Dios eligió a los humildes y despreciados del mundo, a los que no cuentan para nada, para reducir a la nada a los que son algo, para que ningún ser humano pueda presumir ante Dios"*.

Querido amigo, no te estoy animando a que cuentes a los demás los aspectos rotos de tu vida para llamar indebidamente la atención sobre tus pecados. No, te estoy pidiendo que seas abierto y te vuelvas vulnerable acerca de tus pecados para traer honor y gloria a Aquél, Jesucristo, que te salva de esos pecados. San Pablo lo dice así: *"Más bien me jacto de mis debilidades, para que el poder de Cristo habite en mí"* (1 Corintios 12:9).

Al enfrentarnos a nuestros demonios, vemos más claramente que debemos morir a nosotros mismos para que Cristo pueda vivir en nosotros. Conoceremos a Dios en la medida en que nos liberemos de nosotros mismos.

Por lo tanto, quiero hacerte algunas preguntas muy importantes. ¿Vas a seguir asustado por tus heridas y defectos, o vas a despojarte de tu orgullo, a derribar los muros de la vergüenza, a ser vulnerable y a *compartir* con los demás tu quebranto y tu yo herido y tu total dependencia de Jesucristo?

Puedo asegurarte esto: compartir mi quebrantamiento ha resultado ser una gran bendición en mi vida. A través de mi intercambio abierto y honesto, he encontrado la liberación, una libertad que realmente no puedo explicar, excepto que viene de la gracia de Dios y de un paseo más cercano con Cristo. Mi ferviente oración es que al compartir tu quebrantamiento, tú también te liberes, encuentres la libertad y el valor para gritar desde las cimas de las montañas tu amor por nuestro Salvador.

DOS HÉROES

Todo buen libro necesita un héroe, y este libro tiene dos de ellos. Los dos héroes de este libro fueron extremadamente importantes en mi viaje espiritual. Permíteme preparar el escenario para su presentación.

Varias veces en este libro, he mencionado el retiro de silencio que cambió mi vida el cual hice en 2011. En el capítulo "Asustado", te dije que sentí que Dios me hablaba directamente al corazón en la tercera noche del retiro con estas palabras: *"Brian, si te quieres sanar, tienes que decirle a alguien que estás roto"*. Al continuar ese capítulo, le revelé mi quebrantamiento. Les conté lo que estaba escrito en ambos lados de mi Papel Morado. Mi historia ha sido contada en este libro, y la describo cada vez que hago un retiro de Bendito, Roto y Asustado. Cada vez es más fácil contar la historia. Pero lo que quiero compartir contigo ahora es lo difícil que fue la primera vez que seguí las instrucciones de Dios y le conté a alguien sobre mi quebrantamiento.

Inmediatamente después de volver a casa de hacer mi retiro de silencio, muchos de mis amigos cristianos más cercanos me preguntaron sobre mi experiencia. Querían saber qué había descubierto en ese retiro. Varias personas sentían curiosidad por lo que había aprendido en el retiro. Cada vez que me preguntaban, respondía diciéndoles exactamente lo que Dios me había dicho. Repetía las palabras: *"Brian, si te quieres sanar, tienes que decirle a al-*

guien que estás roto". Durante casi un año, conté mi historia una y otra vez. Pero había un problema. Solo contaba la mitad de la historia. Omitía la parte vergonzosa de la historia. Sí, les dije a quienes me preguntaron que había sido abusado y que lo había guardado en mi interior durante 42 años. Lo que no conté fue la parte en la que ese suceso me dejó roto. Todavía me estaba conteniendo. Solo estaba revelando la primera parte de mi Papel Morado.

Como recuerdas de mi explicación anterior sobre el Papel Morado, les pido a todos en un retiro que escriban algo en ambos lados del papel. En la primera cara, escriben cómo han sido heridos por el mundo. En la segunda cara, les pido que escriban su principal pecado recurrente. San Pablo nos dice en Romanos 6:6 que nos convertimos en "esclavos del pecado". Les pido que escriban el pecado que los esclaviza continuamente.

Durante diez meses después de mi retiro, hablaba con los hombres en mi reunión semanal del grupo de amistad, como se conoce a las personas que han hecho un Cursillo, sobre la revelación que Dios puso en mi corazón. "Para ser sanados", les decía, "debemos decirle a alguien que estamos rotos". Esto siempre daba lugar a animadas conversaciones, pero nunca una vez llevó a nadie a abrirse y compartir sus luchas, yo incluido. Pero eso estaba a punto de cambiar.

EL PRIMER HÉROE

El jueves 2 de agosto de 2012, me reuní con dos amigos míos, ambos llamados Bob. Juntos llevamos a otro hombre de Hendersonville, Carolina del Norte, a Charlotte para que pudiera hacer su Cursillo. Lo dejamos en la Iglesia Católica de Santa Ana en Charlotte y comenzamos nuestro viaje de dos horas y 105 millas de regreso a Hendersonville. En el viaje a casa, la conversación volvió a girar en torno al tema del quebrantamiento. Les hice a ambos Bobs las siguientes dos preguntas: "Chicos, ¿alguna vez tienen algo profundo y preocupante en su interior que quieren compartir, pero parece que se les atasca en la garganta? ¿Alguna vez llegan a la historia de lo que quieren compartir hasta sus labios, pero luego parece que no pueden decirlo?". Ambos hombres, casi al unísono, respondieron: "Sí, ..., sí... seguro que sí".

Después de decir eso, la conversación en el coche se quedó en silencio. Así que aquí estábamos, tres buenos amigos, viajando en el coche, todos admitiendo que guardamos cosas en nuestro interior que desearíamos tener el valor de compartir, pero ninguno de nosotros compartió nada. Un inquietante silencio flotó en el aire como una pesada niebla durante el resto del viaje de vuelta a casa. Al poco tiempo, nuestro viaje concluyó. Me dejaron en mi casa, con mi desgarro todavía bien escondido. La conversación había terminado, al menos eso es lo que yo pensaba.

Unos días después de nuestro viaje, recibí un correo electrónico de uno de los dos Bobs. El correo electrónico decía algo así: "Brian, parecía que tenías algo que pesaba en tu corazón y que querías compartir en el coche la otra noche. Si quieres hablar, estoy aquí para ti". Lamentablemente, borré ese correo electrónico.

Sin embargo, Bob persistió. Unos días después, recibí un segundo correo electrónico de Bob. Éste decía algo así: "Brian, no estoy seguro de que hayas leído el correo electrónico que te envié hace unos días, pero parecía que tenías algo que pesaba en tu corazón y que querías compartir en el coche la otra noche. Si quieres hablar, estoy aquí para ti". Supongo que todavía no estaba seguro de tener el valor de hablar de esto, así que, una vez más, borré su correo electrónico.

Puede que haya pasado una semana cuando un tercer correo electrónico de Bob apareció en mi bandeja de entrada. El mensaje era esencialmente el mismo que los dos primeros. Al leer el correo, mi mente recordó inmediatamente la historia de Pedro negando a Cristo tres veces.

Esta es la historia de Lucas 22:54-62: *Después de arrestarlo, lo condujeron y lo llevaron a la casa del sumo sacerdote; Pedro lo seguía a distancia. Encendieron un fuego en medio del patio y se sentaron alrededor de él, y Pedro se sentó con ellos. Cuando una criada lo vio sentado a la luz, lo miró atentamente y dijo: "También éste estaba con él". Pero él lo negó diciendo: "Mujer, no lo conozco". Poco después, otro le vio y le dijo: "Tú también eres uno de ellos"; pero Pedro respondió: "Amigo mío, no lo soy". Una hora después, otro más insistió: "Seguramente también éste estaba con él, pues también es galileo". Pero Pedro dijo: "Amigo mío, no sé de qué hablas". Mientras decía esto, cantó el gallo, y el Señor se volvió y miró a Pedro; y Pedro se acordó de la palabra del Señor, de cómo le había dicho: "Antes de que cante el gallo hoy, me negarás tres veces". Salió y comenzó a llorar amargamente.*

En ese momento me di cuenta de que Bob estaba tratando de ser Cristo para mí. Estaba tratando de ayudarme. Yo ya le había negado dos veces. No quería negarle una tercera vez. Esta vez respondí a su correo electrónico con estas palabras: "¿Dónde y cuándo te gustaría reunirte?". Fijamos una hora para reunirnos el 27 de septiembre de 2012. De todos los lugares para tener esta importante conversación, elegimos reunirnos en una tienda de yogur helado. Allí, por primera vez en mi vida, mientras tomaba una taza de yogur helado, me sinceré con alguien que no era mi esposa sobre las luchas con las que había estado lidiando durante más de 40 años.

Lo que ocurrió a continuación es lo que me dejó boquiabierto. Mi amigo me pidió que me pusiera de pie. Me dijo algo así: "Brian, siempre te he admirado y te he tenido en alta estima. Debe haber sido muy duro compartir eso conmigo. Te admiro aún más por tu valor". Dicho esto, me dio un gran abrazo. Aunque era Bob quien me daba el abrazo, en ese momento sentí el cálido abrazo de Jesucristo. Fue un encuentro que cambió mi vida. Y en ese momento, Bob se convirtió en uno de los héroes de esta historia.

Quiero hacer un punto de vital importancia aquí. En el momento exacto en que hablé con Bob y le conté mis luchas de toda la vida, sentí que me invadía una profunda paz. Sin embargo, la paz duró poco. Al final de nuestra reunión, tan pronto como volví a mi coche para manejar a casa, Satanás saltó instantáneamente sobre mis hombros y comenzó a susurrar pensamientos negativos en mis oídos. Me dijo cosas como: *"Eres un tonto por contarle a alguien tus luchas personales"*, y *"Contarle a alguien esas luchas personales seguramente se volverá en tu contra"*. Al instante empecé a dudar de mi decisión. Utilicé la frase: *"Apártate de mí, Satanás"*, con la esperanza de que dejara de hacerlo. Con la oración y con el tiempo, esa paz acabó volviendo.

I knew in my heart that I did what God told me to do. Therefore I trusted in God and held tight to the belief that I did the right thing. Time has proven so. This is a critically important point because opening up about our struggles is never easy. It is scary, and Satan always uses fear to try to make us doubt God's love, mercy, and forgiveness. I would be less than honest if I did not tell you that even to this day, Satan still tries to use doubt every once in a while to distract me from my mission to share the story of God's mercy and love. His attack is relentless. I hold firmly to my trust in Jesus. We always have the words of our Savior, *"Be not afraid,"* to hold on to.

Sabía en mi corazón que había hecho lo que Dios me había dicho que hiciera. Por lo tanto, confié en Dios y me aferré a la creencia de que había hecho lo correcto. El tiempo lo ha demostrado. Éste es un punto de vital importancia porque abrirse a nuestras luchas nunca es fácil. Da miedo, y Satanás siempre utiliza el miedo para intentar hacernos dudar del amor, la misericordia y el perdón de Dios. Sería poco honesto si no te dijera que, incluso a día de hoy, Satanás sigue intentando utilizar la duda de vez en cuando para distraerme de mi misión de compartir la historia de la misericordia y el amor de Dios. Su ataque es implacable. Me aferro firmemente a mi confianza en Jesús. Siempre tenemos las palabras de nuestro Salvador, *"No tengáis miedo"*, a las que aferrarnos.

Probablemente nunca sabré si habría encontrado el valor para hacer lo que Dios me dijo que hiciera en ese retiro si mi amigo Bob no hubiera persistido en sacarlo de mí. No se dio por vencido después de un solo correo electrónico y un solo intento. Sintió que yo estaba sufriendo, y continuó tratando de ayudarme. Recibí un milagro de sanación en mi vida porque mi buen amigo Bob demostró exactamente lo que significa ser un ANIMADOR. Sin las acciones de Bob, puede que nunca hubiera tenido el valor de hablar de mi quebrantamiento, y este libro, y mi ministerio, nunca habrían ocurrido.

La primera vez que le cuentas a otra persona sobre tu quebrantamiento es el momento más difícil. Cada vez que lo mencionas, es un poco más fácil. Lo más sorprendente de todo esto es descubrir que, en lugar de que la gente se aleje de ti porque has revelado tu quebranto, parece ocurrir exactamente lo contrario. La gente se siente atraída por tu valor, tu franqueza y tu sinceridad. Debido a que he estado dispuesto a abrirme sobre mis luchas en la vida, miles de personas en los últimos años se han abierto a mí sobre las suyas. Su proceso de curación se puso en marcha porque encontraron un lugar seguro y una persona segura con la que compartir.

Sí, Bob es realmente un héroe en mi vida y en este libro. ¡Gracias, Bob!

EL SEGUNDO HÉROE

Como he dicho, hay dos héroes. El segundo héroe es mi mujer. No solo fue la primera y, durante mucho tiempo, la única persona a la que le conté que había sido abusado, sino que ha viajado conmigo durante 44 de los 63 años de mi vida. Ha visto lo mejor y lo peor de mí. Ha estado ahí en los buenos y en los malos momentos.

Desde que empecé este ministerio, se ha convertido en la caja de resonancia de mis escritos semanales, y se ha convertido en mi compañera de viaje en nuestros viajes por carretera del ministerio.

En 2014 me quedé ciego de repente, y posteriormente me diagnosticaron una enfermedad neurológica muy rara llamada MOG. He recuperado parte de mi vista, pero ahora tengo la visión dañada permanentemente, y estoy perdiendo lentamente la capacidad de caminar. Ha estado a mi lado durante toda esta enfermedad, y como ya no es seguro para mí manejar debido a esta discapacidad, es la persona que nos lleva a todos nuestros retiros. Durante los retiros, me ayuda a montar y desmontar todo lo necesario para que la experiencia del retiro sea un éxito. También se encarga de la mesa de sonido.

Esto significa que está sometida a escuchar cómo cuento las mismas historias a diferentes audiencias de todo el país, una y otra vez. Ella escucha cómo hablo de mi desgarro. Y por muy doloroso que sea, no solo escucha cómo cuento la historia de haber sido abusado sexualmente, sino que también me oye hablar de mis luchas con la lujuria y el comportamiento incívico.

Pero aquí está el verdadero punto que quiero señalar. Lo que realmente la convierte en la heroína de esta historia es el ejemplo que nos da a todos sobre cómo responder a alguien con misericordia y amor.

Como les he dicho, Dios me dejó claro en mi retiro que necesitaba abrirme sobre las áreas rotas de mi vida. Después de ese retiro, mi esposa fue la primera persona con la que necesitaba ser más transparente y abierto. Ella sabía, desde antes de casarnos, que yo había sido abusado sexualmente. Era la única persona que lo sabía. Lo que no sabía, sin embargo, es cuánto había afectado a mi vida por dentro. Ahora era el momento de decírselo. En cuanto me subí al coche para hacer el viaje de 10 horas desde Clearwater a las Carolinas, supe que tenía que llamarla. Mientras arrancaba el coche, recé para tener valor. Entonces rompí mis ocho días de silencio con una llamada de móvil a mi mujer. Mientras manejaba, hablábamos durante horas.

Durante los siguientes meses, ella y yo tuvimos muchas conversaciones largas y detalladas sobre las áreas de lucha en mi vida. Le hablé de mi lucha contra la lujuria. Le expliqué que el hecho de haber sido abusado me había dejado con una visión distorsionada de la sexualidad sana. Cuanto más compartía, más se interesaba. Cuanto más me abría y le dejaba entrar en las áreas heridas de mi vida, más profundo crecía nuestro amor mutuo. Cuanto más transparente me volvía, más cerca estábamos.

Finalmente, un día que íbamos juntos en el coche, durante una larga conversación, ella dijo unas palabras que nunca olvidaré: **"Brian, si una parte de ti está rota, entonces yo también amo esa**

parte, porque te amo a ti entero". Su cariñoso comentario me dejó sin palabras. Lloré. En ese preciso momento, mi mujer estaba siendo Cristo para mí. Demostró lo que es realmente el amor incondicional.

Durante mis retiros, pongo estas palabras en la pantalla para que todos las vean. Las dejo en la pantalla en un momento de silencio para que puedan calar en la mente y el corazón de todos los asistentes. Luego paso a la siguiente diapositiva. Esta siguiente diapositiva deja un impacto duradero en los asistentes al retiro. Explico que las palabras de la siguiente diapositiva son un mensaje de Dios para todos los presentes. Esto es lo que dice la siguiente diapositiva: *"Si una parte de ti está rota, entonces yo también amo esa parte, porque los amo a todos"*, firmado **DIOS**. Éste es también el mensaje que quiero que todos los que lean este libro tomen en serio.

Como dije antes, no solo es mi esposa mi heroína, sino que en ese caso, ella estaba siendo Cristo para mí. Ella demostró el significado del amor incondicional. Su respuesta cariñosa me dio el valor necesario para revelar mi quebrantamiento a los demás. Me he convertido en un libro abierto para mis amigos y familiares y para los que asisten a mis retiros, y ahora para los que están leyendo este libro.

Ella y mi amigo Bob nos han dado a todos una lección sobre cómo debemos responder a los demás. Les estaré eternamente agradecido por su cariñosa respuesta.

HACIA ADENTRO-HACIA ARRIBA -HACIA AFUERA

Como cristianos, debemos ser personas centradas en la misión: tú y yo hemos sido llamados a ayudar a construir el Reino de Dios. La gran comisión de Mateo 28:19-20 dice: *"Id, pues, y haced discípulos a todas las naciones, bautizándolos en el nombre del Padre, del Hijo y del Espíritu Santo, y enseñándoles a guardar todo lo que os he mandado. Y he aquí que yo estoy con vosotros siempre, hasta* el fin del mundo".

Suponiendo que estemos dispuestos a emprender este alcance cristiano, debemos recordar rápidamente las palabras de mi pastor: "También debes entender que tú también tienes tus propias áreas de pecado y quebrantamiento que impactan en tu vida. Hasta que no te enfrentes a tu propio quebrantamiento, nunca serás tan efectivo evangelizando a otros como Dios quiere que seas". En otras palabras, mi pastor me estaba dando un punto de partida.

Todos sabemos que todo viaje en la vida comienza con ese primer paso. Uno de los primeros pasos más importantes para nosotros, como cristianos, es darnos una mirada dura y honesta a nosotros mismos. Éste no es nuestro destino; es nuestro punto de partida en un largo viaje. Pero debemos dar este paso. Hay una vieja expresión que dice: "La única manera de comerse un elefante es mordisco a mordisco".

Cuando demos este primer paso, espiritualmente hablando, debemos estar dispuestos a ser honestos, humildes, y estar desnudos ante Dios. Después de todo, nada está oculto para Dios. En Hebreos 4:12, leemos: *"Y no hay ninguna criatura oculta a su vista, sino que todas las cosas están desnudas y abiertas a los ojos de aquel a quien debemos rendir cuentas"*. En Lucas 12:2-3, también leemos: *"No hay nada oculto que no sea revelado, ni secreto que no sea conocido. Por eso, todo lo que hayáis dicho en la oscuridad se oirá en la luz"*.

El 21 de noviembre del 2018, durante su audiencia general semanal en la Plaza de San Pedro, el Papa Francisco dijo: "Bienaventurados los que reconocen sus malos deseos y, con un corazón penitente y humillado, se presentan ante Dios y la humanidad, no como uno de los justos, sino como un pecador". Para ser evangelizadores eficaces, debemos hacer esto. El apóstol Pablo lo dijo en 1 Timoteo 1:15: *"Cristo Jesús vino al mundo para salvar a los pecadores. De éstos, yo soy el primero"*. Pedro le dijo esto a Jesús en Lucas 5:8 *"Apártate de mí, Señor, porque soy un hombre pecador"*.[14]

Todos tenemos nuestro lado oscuro. Todos hemos pecado. Con demasiada frecuencia, tratamos de ocultar nuestros pecados de los demás, de nosotros mismos, e incluso tratamos de ocultarlos de Dios. Debemos dejar de hacerlo. Efesios 5:6-20 nos dice: *"Porque en otro tiempo erais tinieblas, pero ahora sois luz en el Señor. Vivid como hijos de la luz"*. Y continúa diciéndonos: *"Todo lo que se expone a la luz se hace visible, porque todo lo que se hace visible es luz"*. Jesús es la luz que ilumina nuestros pecados, para que podamos reconocerlos y recibir su perdón.

Números 21:4-9 nos cuenta la historia de los israelitas que hablaron contra Dios y contra Moisés. Cuando lo hicieron, Dios envió serpientes venenosas entre ellos. Las serpientes mordieron al pueblo, y éste murió. El Señor le dijo a Moisés: *"Haz una serpiente venenosa y ponla en un asta, y todo el que sea mordido la mirará y vivirá"*. Dios utilizó la serpiente como símbolo de su pecaminosidad. Cuando miraron honestamente sus propias acciones pecaminosas, encontraron la curación.

Vemos esta historia repetida en Juan 3:14-21 cuando Jesús le dice a Nicodemo: *"Y así como Moisés levantó la serpiente en el desierto, así debe ser levantado el Hijo del Hombre, para que todo el que crea en él tenga vida eterna"*. Cuando tú y yo miramos a Cristo crucificado, vemos nuestros pecados. Vemos a nuestro amoroso Señor, que tomó nuestros pecados y permitió que fueran clavados en la cruz.

El primer paso entonces es mirar hacia adentro, pero no podemos detenernos aquí. Si lo hacemos, nos dedicamos a poco más que un ejercicio inútil de mirarse el ombligo. Si nos detenemos aquí, seremos víctimas de la parálisis por análisis. Está claro que la cruz nos obliga a reconocer nuestros fallos y carencias. Pero en el Cristo crucificado vemos algo mucho más. Vemos al que llevó nuestros pecados en la cruz. Cuando miramos a nuestro Señor en la cruz, vemos nuestra salvación. Juan 3:16 nos dice: *"Porque tanto amó Dios al mundo que dio a su Hijo único, para que todo el que crea en él no perezca, sino que tenga vida eterna"*.

Esto nos lleva al importante segundo paso, que es mirar hacia arriba. Debemos mirar hacia arriba, hacia la cruz, para dar gracias a Dios por el don de su Hijo Jesús el Cristo. Le damos las gracias por el don de la gracia y la salvación en nuestra propia vida, y le pedimos a Dios que nos fortalezca mientras aceptamos sus retos para llevar el mensaje de su amor, perdón y misericordia a los demás. Habiendo reconocido nuestro propio quebrantamiento y habiendo reconocido el asombroso don de la misericordia de Dios, que se nos ha dado a través de la muerte y resurrección de su Hijo Jesús, ahora tenemos una historia que contar a los demás.

Ahora estamos finalmente preparados para salir al EXTERIOR. Sí, ahora tenemos nuestra propia historia que compartir, y Dios nos ha llamado a compartirla para atraer a otros hacia Él. Esto puede parecer desalentador. ¿Dónde y cómo empezamos? Hay una vieja expresión de Cursillo que nos dice que empecemos justo donde estamos. Dice así: "Florece donde estás plantado".

Ninguno de nosotros es una isla en sí mismo. Todos vivimos nuestra vida en diversos ambientes. Algunos entornos son comunes a casi todo el mundo, como el de la familia, la iglesia, el trabajo y el vecindario. Además, la mayoría de nosotros tenemos otros entornos únicos. Tal vez seas miembro de un equipo deportivo o de un grupo de ex alumnos o miembro de un club de lectura, o de algún otro entorno social. Es en todos estos ambientes donde podemos comenzar el proceso de compartir la *"Buena Nueva"* de lo que Jesús ha hecho por nosotros. Es con la gente de estos ambientes que podemos cantar: "Una vez estuve perdido, pero ahora me encontré, estaba ciego, pero ahora veo".

The inward-upward-outward journey could be summed up by a quote that is often attributed to St. Francis, "Start by doing what is necessary, then what is possible, and suddenly you are doing the impossible."

Sin reconocer primero nuestro quebranto y nuestra necesidad de un Salvador, realmente no tenemos ninguna historia que compartir. Pero una vez que miramos con honestidad en el espejo nuestros defectos y nuestra pecaminosidad y una vez que aceptamos a Jesús como nuestro Salvador y experimentamos sus impresionantes dones de amor, misericordia y perdón, ahora tenemos una historia que compartir que puede cambiar el mundo. La fórmula es sencilla. Debemos mirar hacia adentro, hacia arriba, y debemos ir hacia afuera. Sal a tus distintos ambientes y cuenta tu historia. Esto es la evangelización. Esto es la misión. Ésta es una de las formas de construir el reino de Dios. Éste es el viaje de un cristiano.

LLAMADO

EL LLAMADO

> *"Rejoice always. Pray without ceasing. In all circumstances give thanks, for this is the will of God for you in Christ Jesus."*
> 1 Thessalonians 5:16-18

Ahora que has llegado a este punto, puede que estés experimentando el susurro del Espíritu Santo. Si ahora estás dispuesto a reconocer tu propio quebrantamiento y estás orando para tener el valor de contárselo a alguien, ¿qué debe suceder a continuación? Dios no ilumina nuestra pecaminosidad y quebrantamiento para llamar la atención sobre nuestros pecados y dolores, sino que llama la atención sobre estas cosas para poder demostrar el poder sanador y la misericordia de su Hijo Jesucristo. Estos encuentros personales nos dan una historia que contar. ¿Qué haremos con nuestra historia? ¿Enterraremos nuestra historia, como el siervo que enterró el dinero de su amo? ¿O seremos como el leproso del que leemos en Marcos 1:45 que fue limpiado, y aunque Jesús le ordenó que no se lo contara a nadie, se fue y empezó a dar publicidad a todo el asunto?

Una vez que tenemos un encuentro verdaderamente sanador con la misericordia de Dios, es difícil contener la alegría. La Biblia tiene muchos ejemplos de personas que, una vez que tuvieron un encuentro con Jesús, sintieron el llamado a salir. ¿Saldremos nosotros? Veamos algunos ejemplos.

Mateo 4:18-22: *"Mientras caminaba junto al mar de Galilea, vio a dos hermanos, Simón, llamado Pedro, y su hermano Andrés, que echaban la red al mar; eran pescadores. Les dijo:* **"Venid en pos de mí,** *y os haré pescadores de hombres". **Al instante** dejaron las redes y le siguieron. Desde allí se alejó y vio a otros dos hermanos, Santiago, hijo de Zebedeo, y su hermano Juan. Estaban en una barca, con su padre Zebedeo, remendando las redes. Los llamó, e inmediatamente dejaron la barca y a su padre y le siguieron".*

Mateo 9:9-13: *Al pasar de allí, Jesús vio a un hombre llamado Mateo sentado en el puesto de la aduana. Le dijo:* **"Sígueme". Y él se levantó y le siguió.** *Mientras estaba a la mesa en su casa, muchos recaudadores de impuestos y pecadores vinieron y se sentaron con Jesús y sus discípulos. Al ver esto, los fariseos dijeron a sus discípulos: "¿Por qué come vuestro maestro con recaudadores de impuestos y pecadores?". Al oír esto, Jesús les dijo: "Los que están bien no necesitan médico, pero los enfermos sí. Id y aprended el significado de las palabras: "Quiero misericordia, no sacrificios.* **No he venido a llamar a los justos, sino a los pecadores".**

Juan 4:25-28: *La mujer le dijo: "Sé que viene el Mesías, el llamado Ungido; cuando venga, nos lo dirá todo". Jesús le dijo: "Yo soy el que habla contigo". En ese momento volvieron sus discípulos, y se asombraron de que hablara con una mujer, pero todavía nadie dijo: "¿Qué buscas?" o "¿Por qué hablas con ella?". La mujer dejó su cántaro de agua, fue al pueblo y dijo a la gente.*

Juan 4:39-40: *Muchos de los samaritanos de aquella ciudad empezaron a creer en él por la palabra de la mujer que testificó: "Me ha dicho todo lo que he hecho". Cuando los samaritanos se acercaron a él, le invitaron a quedarse con ellos; y se quedó allí dos días.*

Marcos 1:40-45: *Un leproso se le acercó [y arrodillándose] le rogó y le dijo: "Si quieres, puedes limpiarme". Compadecido, extendió la mano, le tocó y le dijo: "Sí, quiero. Queda limpio". La lepra le abandonó inmediatamente y quedó limpio. Luego, advirtiéndole con severidad, lo despidió de inmediato. Luego le dijo:* **"Procura no decir nada a nadie,** *pero ve, muéstrate al sacerdote y ofrece por tu limpieza lo que prescribió Moisés; eso será una prueba para ellos".* **El hombre se marchó y comenzó a dar publicidad a todo el asunto.** *Difundió la noticia, de modo que a Jesús le fue imposible entrar abiertamente en una ciudad. Se quedó fuera, en lugares desiertos, y la gente seguía acudiendo a él de todas partes.*

Marcos1:29-31: *Al salir de la sinagoga, entró en casa de Simón y Andrés con Santiago y Juan. La suegra de Simón estaba enferma con fiebre. Enseguida le hablaron de ella. Él se acercó, le cogió la mano y la ayudó a levantarse.* **Entonces la fiebre la abandonó y les atendió.**

En mi caso, me sentí obligado a compartir mi historia. Al igual que los demás, no lo hice para llamar la atención sobre mis quebrantos y pecados. Lo hice porque no podía contener mi alegría, y no podía esperar a contar a otros cómo Jesús me sanó y me hizo completo.

Creo que te sorprenderás en el próximo capítulo cuando describa el siguiente paso en este viaje de sanación. Por ahora, regocijémonos sabiendo que Dios nos ha llamado a salir a compartir la Buena Nueva.

UN MAR MORADO

Si decimos: "Estamos libres de pecado", nos engañamos a nosotros mismos, y la verdad no está en nosotros. - 1 Juan 1:8

Éste es uno de los capítulos más importantes del libro. Ahora que nos acercamos al final, quiero llamar tu atención sobre cómo se sienten los asistentes a mis retiros cuando nos acercamos al final del mismo. En ese momento, muchos de los asistentes piensan que ya tienen claro el mensaje principal del retiro. Suponen que mi objetivo principal es conseguir que se enfrenten a sus luchas y defectos, que se quiten la máscara, que se vuelvan vulnerables y que vayan a contar a los demás sus heridas y su necesidad de Jesús y cómo Él les dio paz y sanación. Tan importante como estas cosas son, hay un principio aún más importante que no puede ser pasado por alto.

Acabamos de aprender en los dos últimos capítulos que somos llamados por Dios a tener una vida enfocada hacia el exterior. Somos desafiados a salir para ayudar a otros y llevarlos a una relación más cercana con Cristo. Si mi objetivo principal fuera animarte a revelar tu quebrantamiento, sería un objetivo enfocado hacia adentro en lugar de un objetivo enfocado hacia afuera.

Ahora, piensa en esto. Todos los que asisten a los retiros tienen un Papel Morado en su bolsillo. Sí, todos. Si el pastor está presente, tiene uno. Si hay varios líderes ministeriales, tienen uno. Si los miembros del consejo de la iglesia están presentes, tienen uno. Cada persona presente tiene un Papel Morado, y en las dos caras de ese Papel Morado están escritas sus heridas y sus pecados más frecuentes. Ese Papel Morado, que está doblado en su bolsillo, contiene sus secretos mejor guardados.

En este punto del retiro, cada persona sigue centrada de forma miope en su propio Libro Morado, y no se ha parado a pensar que todos los demás asistentes también tienen uno. En este momento, pido a todos que miren alrededor de la sala y establezcan contacto visual con al menos dos otras personas. Entonces digo estas palabras: "Miren a su alrededor, están viviendo en un MAR MO-RADO".

Lo mismo ocurre contigo, querido lector. Todos los que están leyendo este libro, si son sinceros, también tienen algo escrito en su Papel Morado. Todo el mundo lo tiene. Todos los demás son igual de buenos para esconderse detrás de su máscara como tú. Casi todo el mundo trata de ocultar sus pecados y heridas a los demás.

Bien, siento que necesitamos un redoble de tambores en este punto. Necesito atraer el 100% de tu atención a lo que voy a decir. Aquí viene. ¿Estás listo? Esto es de vital importancia. Debes resaltar el siguiente párrafo y/o escribirlo en tus notas.

A pesar de que Dios habló directamente a mi corazón durante ese retiro en silencio y me dijo: *"Brian, si te quieres sanar, tienes que decirle a alguien que estás roto"*, no salí corriendo a hacerlo. Casi un año después, todavía no le había contado a nadie mis heridas y mi quebranto. La vergüenza seguía atenazándome. Entonces se produjo un milagro. Mi amigo Bob se preocupó lo suficiente por mí como para sacarme esta información. Finalmente lo di a conocer solo después de que alguien me ayudara a darlo a conocer.

Ni siquiera las propias palabras de Dios fueron suficientes para que me abriera. Dios trabajó a través de Bob para ayudarme.

Como yo no respondí inmediatamente a las indicaciones de Dios, hay poca o ninguna posibilidad de que tú lo hagas simplemente por mis indicaciones. La buena noticia es que hay una solución mejor. Te prometo que funciona. Esto es lo que realmente te pido que hagas. Quiero que te comprometas a pasar el resto de tu vida ayudando a otros a revelar los quebrantos y las heridas que están escritas en su Papel Morado. Si haces por otros lo que Bob hizo por mí, Dios en su momento te pondrá en la circunstancia adecuada para que otra persona te ayude a revelar tu Papel Morado también. Esto es lo que significa vivir una vida centrada en el exterior.

He leído un artículo que nos recuerda lo importante que es esto. Era una entrevista con una madre que había perdido recientemente a su hijo por suicidio. Esta madre se desahogó con sus emociones. Habría hecho todo lo posible para salvar a su hijo. Entonces dijo estas palabras, que se me han quedado grabadas en el cerebro. Esto es lo que dijo: "**¡Es difícil curar las heridas que no se ven!**"

Tú y yo estamos llamados a llevar la Buena Nueva de Jesús a las personas heridas y lastimadas. Otros están llamados a hacer lo mismo por nosotros. Pero, mientras todos nos escondamos detrás de nuestras máscaras, las palabras de esa madre en la entrevista sonarán verdaderas. Será imposible curar las heridas que ninguno de nosotros puede ver.

La próxima vez que estés en la iglesia, hazle esta pregunta a alguien: "¿Cómo estás hoy?". Casi el 100% de las veces, obtendrás la misma respuesta. Responderán diciendo: "Estoy bien". Puedo decirte por experiencia que "estoy bien" casi nunca es una declaración verdadera. Cuando lo digan, sigue con esta pregunta con tu voz más cariñosa: "No, ¿cómo estás? Me importa mucho". Prepárate porque la verdadera respuesta empezará a salir a la luz. No escucharás un "estoy bien" a tu segunda pregunta.

La gente responderá con un sinfín de cosas como: "Bueno, mi cónyuge está enfermo", o podría decir: "Mi hijo ha tenido recientemente algunos problemas", o posiblemente: "Acabamos de ingresar a mi suegra en un asilo de ancianos". Incluso pueden decirte algo como: "Acabo de entrar en un programa de recuperación de alcohol", o "Acabo de perder mi trabajo", o "Me acaban de diagnosticar cáncer". La única respuesta que no obtendrás cuando les hagas saber de verdad que te importa es: "Estoy bien".

Todos los lugares a los que vamos y todas las personas con las que nos encontramos a diario tienen un Papel Morado, aunque no lo sepan ni lo reconozcan. Nuestros familiares, nuestros compañeros de trabajo, el dependiente del supermercado e incluso las personas que se sientan a nuestro alrededor en la iglesia cada domingo tienen un Papel Morado. Vivimos en un *Mar Morado*.

Cuando interiorices esta importante realidad, cambiarás tu forma de interactuar con los demás. Verás la importancia de convertirte en un Animador. Te esforzarás por atraer a los demás. Cuando haces esto, estás dando permiso a alguien para salir de su máscara. Estás ofreciendo a alguien una zona segura para abrirse. Éste es el secreto para tener una vida centrada en el exterior. Esto es lo que significa "Ser Eucaristía" para alguien. Así es como, colectivamente como cristianos, podemos cambiar el mundo. Debemos sacar de nuestros corazones la noción de que somos la única persona con heridas y quebrantos y la única con secretos en un papel morado. Todo el mundo los tiene, y todo el mundo los esconde.

Por favor, si olvidas todo lo demás en este libro, no olvides esto. Yo nunca lo haré. Si a Bob no le hubiera importado lo suficiente como para seguir intentando, tres veces, ayudarme, si no hubiera persistido, si no le hubiera importado, posiblemente yo nunca hubiera tenido el valor de contarle a nadie mis heridas y mi quebranto, y las cadenas del pecado probablemente seguirían teniéndome cautivo. Dios obró a través de Bob. Gracias a Bob, Dios obró un milagro en mi vida. Estaré siempre agradecido.

En 1 Juan 4:7-8, leemos: *"Amados, amémonos unos a otros, porque el amor es de Dios; todo el que ama es engendrado por Dios y conoce a Dios. El que no tiene amor no conoce a Dios, porque Dios es amor"*. Juan continúa en el versículo 9 diciéndonos que el amor de Dios se reveló cuando envió a su Hijo al mundo. Más adelante, en el versículo 11, Juan nos da un principio muy importante de la vida cristiana. Dice: *"Amados, si Dios nos amó así, también nosotros debemos amarnos los unos a los otros".* Presta atención especial al hecho de que esto no es una sugerencia; es un mandato.

Leemos este mismo mandato de amar en Juan 15:12-16. Permíteme desglosarlo.

En el versículo 12, Jesús dice: *"Este es mi mandamiento: amaos los unos a los otros **como yo os amo"**.* Aquí se revela algo muy importante. Si se nos ordena amar como Jesús amó, entonces debemos fijarnos en lo que Él hizo.

El versículo 13 dice: *"Nadie tiene mayor amor que el que da la vida por sus amigos".*

Verso 14, Jesús nos dice claramente, *"Ustedes son mis amigos si hacen lo que yo les mando".* Sin duda queremos ser amigos de Jesús, entonces ¿qué nos manda hacer?

Encontramos esa clave en el versículo 16, *"No fuisteis vosotros los que me elegisteis a mí, sino que fui yo quien os eligió a vosotros y os designó para ir y dar fruto que permanezca".*

Fíjate en quién actuó primero. Dios nos eligió. No fue al revés. ¿Nos eligió para qué? Nos eligió para dar fruto. ¿Cómo lo hacemos? Amando como Él lo hizo. ¿Cómo lo hacemos? Buscando a otros y amándolos. Debemos ser nosotros los que los buscamos. Eso es lo que mi amigo Bob hizo por mí. Dar nuestra vida por los demás significa ponerlos en primer lugar. Todos los días te encuentras con personas que, metafóricamente, llevan su propio Papel Morado en el bolsillo.

¿Estás preparado para romper las cadenas de otra persona? ¿Estás preparado para salir hoy a llevar la Buena Nueva de Jesús a los demás? ¿Cuidarás de ellos, como Jesús cuida de ti? Con el tiempo, si haces de esto una forma de vida, un día te será más fácil quitarte tu propia máscara y revelar tu propio Papel Morado. Esto requiere confianza. Por favor, confía en mí, pero sobre todo, confía en Dios.

CONVERTIRSE EN EUCARISTÍA

Hemos sido *elegidos* por Dios. Hemos sido *bendecidos.* Estamos *rotos.* Dios quiere que seamos *compartidos.* Todo lo que se ha escrito hasta este punto del libro ha sido para llevarnos a este punto fundamental. Tú y yo hemos sido llamados a convertirnos en Eucaristía, Comunión o La Última Cena, el término que prefieras, para un mundo hambriento de recibir a Cristo.

Escribir este capítulo ha sido todo un reto. Como dije al principio, escribí este libro para todos los cristianos. Quiero que este libro traspase las fronteras confesionales. Quería que fuera ecuménico. Dicho esto, no hay duda de que los católicos tienen una visión única de la comida eucarística. Para mí, como católico, la Eucaristía es la fuente y la cumbre de mi fe. La Iglesia católica cree que la Eucaristía es la presencia verdadera de Jesús en el mundo actual. Está claro que Dios está espiritualmente presente en el mundo, en todas partes y siempre. Todos los cristianos pueden estar de acuerdo en eso. Sin embargo, para los católicos, la Eucaristía es algo extraordinariamente especial. La Eucaristía es la presencia física verdadera de Jesucristo.

Juan 6:53-58 dice: *"Jesús les dijo: 'En verdad, en verdad os digo que si no coméis la carne del Hijo del Hombre y no bebéis su sangre, no tenéis vida en vosotros. El que come mi carne y bebe mi sangre tiene vida eterna, y yo lo resucitaré en el último día. Porque mi carne es verdadera comida y mi sangre es verdadera bebida. El que come mi carne y bebe mi sangre permanece en mí y yo en él. Así como el Padre vivo me envió y yo tengo vida por el Padre, también el que se alimenta de mí tendrá vida por mí. Este es el pan que bajó del cielo. A diferencia de vuestros antepasados, que comieron y aún así murieron, el que coma este pan vivirá para siempre'"*.

La división sobre el significado de la Eucaristía no es nada nuevo. En Juan 6:52, leemos: *"Los judíos discutían entre sí, diciendo: "¿Cómo puede éste darnos [su] carne para comer?""*.

No quiero quitarle importancia a la división teológica, pero tampoco quiero que esa división distraiga del significado que estoy tratando de dar a este mensaje. Mi esperanza más sincera es que todos lleguemos a reconocer nuestro llamado a "ser Cristo" para los demás en nuestro mundo actual. Se ha dicho a menudo que "Cristo no tiene hoy más manos y pies en la tierra que los nuestros".

Es cierto que el balance de este capítulo puede resonar más profundamente en ti si eres católico. Pero si no eres católico o si eres uno de los católicos que luchan por creer en la presencia verdadera de Cristo en la Eucaristía, deberías hacerle caso de igual manera a la llamada de atención de este mensaje para ser esas manos y esos pies de Cristo para el mundo.

A lo largo de toda la sección del libro sobre ser compartido, he planteado la premisa de que solo cuando admitimos honestamente y con toda humildad a los demás que estamos heridos y rotos, nos "convertimos" en Eucaristía. Compartir nuestro quebranto nos transforma, al igual que la consagración transforma el pan y el vino. ¿Es esta idea de que estamos *"llamados a ser Eucaristía"* algo nuevo o algo que acabo de inventar? ¡Para nada! Grandes teólogos han expuesto esta idea a lo largo de los tiempos.

Remontémonos a los primeros tiempos del cristianismo y veamos los escritos de Ireneo. Era un griego de Esmirna, en Asia Menor, que ahora forma parte de Turquía. Nació durante la primera mitad del siglo II, en algún momento entre 120 y 140. Elegido como obispo de Lugdunum, actual Lyon, destaca por su papel en la orientación y expansión de las comunidades cristianas en lo que hoy es el sur de Francia y, más ampliamente, por el desarrollo de la teología cristiana al combatir la herejía y definir la ortodoxia. Es reconocido como santo tanto por la Iglesia católica como por la Iglesia ortodoxa oriental y recordado por la Iglesia de Inglaterra. Esto es lo que dijo: "Cuando bebemos la copa en la Eucaristía, en la que el vino se ha convertido en la sangre de Cristo, su sangre se mezcla con la nuestra y se convierten en una sola. Igualmente, cuando comemos el pan, que se ha convertido en el cuerpo de Cristo, su cuerpo se mezcla con el nuestro, y se convierten en uno".[15]

Aurelius Augustinus, más conocido como Agustín de Hipona o San Agustín, dijo lo siguiente sobre el tema de convertirse en Eucaristía: "Yo soy el alimento de los hombres adultos. Crece y te alimentarás de mí. No me cambiarás en ti, como cambias el alimento en tu carne, sino que te cambiarás en mí". San Agustín nació en el año 354. Está reconocido como santo en la Iglesia Católica, la Iglesia Ortodoxa Oriental y la Comunión Anglicana. Fue teólogo, filósofo y obispo de Hipona, en el norte de África romana. Se le considera un preeminente doctor católico de la Iglesia y se le considera uno de los más importantes padres de la Iglesia latina. Algunos lo consideran el pensador cristiano más importante después de San Pablo.

Ahora vamos a centrarnos en Tomás de Aquino. Nacido en el año 1224, fue un fraile dominico, filósofo, sacerdote católico y doctor de la Iglesia. Se le considera uno de los más grandes teólogos de la Iglesia católica, y fue un filósofo enormemente influyente. Es reconocido como santo en la Iglesia Católica Romana y venerado en la Comunión Anglicana y en la Iglesia Luterana.

Éste es su punto de vista sobre el hecho de ser Eucaristía: "El alimento material, en primer lugar, se convierte en la persona que lo come y, como consecuencia, restaura sus pérdidas y aumenta sus energías vitales. El alimento espiritual, en cambio, convierte a la persona que lo come en sí misma, y así el efecto propio de este sacramento es la conversión del hombre en Cristo, para que ya no viva para sí mismo, sino que Cristo viva en él. Y como consecuencia, tiene el doble efecto de restaurar las pérdidas espirituales causadas por los pecados y defectos y de aumentar el poder de las virtudes".

Saltando a nuestra época moderna, el Papa Benedicto XVI dijo esto en 2007 en su exhortación *Sacramentum Caritatis:* "Cada uno de nosotros está verdaderamente llamado, junto con Jesús, a ser pan partido para la vida del mundo".[16]

En su audiencia general del 12 de febrero de 2014, el Papa Francisco dijo esto: "A través de la Eucaristía, sin embargo, Cristo quiere entrar en nuestra vida e impregnarla de su gracia, para que en toda comunidad cristiana haya coherencia entre la liturgia y la vida". Señala que la vida de Jesús fue un acto de compartición total de sí mismo por amor. Para Jesús esto significaba compartir los deseos, los problemas y las cuestiones que agitaban las almas de sus discípulos. El Papa Francisco continuó diciendo: "Jesús nos pide también que perdonemos y demos. Que seamos instrumentos de misericordia porque fuimos nosotros los primeros en recibir la misericordia de Dios".[17]

Por último, en 2019, el obispo Robert Barron, en su libro *Carta a una Iglesia que sufre,* dijo lo siguiente: "Cuando consumimos la

Eucaristía, estamos tomando a todo Cristo -cuerpo, sangre, alma y divinidad- en nosotros mismos, quedando así conformados con Él en el sentido más literal. Por medio de este gran sacramento, somos cristificados, eternizados, deificados, preparados para la vida en las alturas con Dios".[18]

Así, puedes ver claramente que esta idea de *"convertirse en Eucaristía"* no es nada nuevo. Desde los primeros días del cristianismo hasta ahora, nosotros, como cristianos, hemos sido llamados a convertirnos en lo que comemos. Cuando consumimos el cuerpo de Cristo, se espera que salgamos y, a través de nuestras propias vidas, nos convirtamos en Eucaristía para aquellos que están hambrientos de la Buena Nueva de Jesucristo.

LA SANGRE DE CRISTO

Entonces Jacobo y Juan, hijos de Zebedeo, se le acercaron, diciendo: Maestro, querríamos que nos hagas lo que pidiéremos. Él les dijo: ¿Qué queréis que os haga? Ellos le dijeron: Concédenos que en tu gloria nos sentemos el uno a tu derecha, y el otro a tu izquierda. Entonces Jesús les dijo: No sabéis lo que pedís. ¿Podéis beber del vaso que yo bebo, o ser bautizados con el bautismo con que yo soy bautizado? Ellos dijeron: Podemos. Jesús les dijo: A la verdad, del vaso que yo bebo, beberéis, y con el bautismo con que yo soy bautizado, seréis bautizados; pero el sentaros a mi derecha y a mi izquierda, no es mío darlo, sino a aquellos para quienes está preparado". - Marcos 10:35-40

A estas alturas, espero haber presentado un argumento sólido de que, al igual que el pan de la última cena, tú y yo también estamos bendecidos, rotos y destinados a ser compartidos. El autor católico Henri J.M. Nouwen, en su libro *Can You Drink the Cup* (¿Puedes beber la copa?), defiende que también se nos pide que vivamos nuestras vidas como la copa de vino que compartió Cristo en la última cena.

Nouwen afirma que cada uno de nosotros solo tiene una vida que vivir. Del mismo modo, solo tenemos una copa. Esta copa es emblemática de nuestra vida. En primer lugar, estamos llamados a sostener nuestra copa. Al igual que un conocedor de vinos estudia el aspecto y el color del vino en su copa, debemos reunir el valor para echar un vistazo crítico a nuestra vida.

Hay muchas variedades de vino, y hay una variedad infinita de vidas humanas. Nosotros no somos más que uno. Solo tenemos la oportunidad de beber nuestra propia copa. Cuando nos asomamos a nuestra copa, está llena de todas las alegrías y penas que componen nuestra vida. No tenemos la oportunidad de beber la copa de otro, y nadie puede beber la nuestra. Nouwen dice que cuando miramos nuestra copa, debemos decir: "Ésta es mi copa que se me ha dado".

A continuación, debemos levantar nuestra copa. En su libro, Nouwen continúa señalando que en las muchas culturas del mundo, hay muchas cosas diferentes que se dicen cuando un grupo de personas levanta sus copas juntas en un saludo. Aquí, en Estados Unidos, solemos decir "Cheers". Sin embargo, señala que es una costumbre judía decir *"L'chaim"*. L'chaim significa "Por la vida". En otras palabras, cuando chocamos nuestras copas, yo estoy saludando tu vida, y tú estás saludando la mía. Aquí escribe: "Las heridas de nuestras vidas individuales, que parecían intolerables cuando las vivíamos solos, se convierten en fuentes de curación cuando las vivimos como parte de una comunidad de cuidado mutuo".[19] En esencia, está confirmando la importancia de estar en un grupo pequeño y de formar parte de una comunidad cristiana fuerte, como he dicho antes en el libro.

Finalmente, debemos llevarnos la copa a los labios y beberla. Aquí Nouwen sugiere que podríamos protestar. Podríamos decir: "¿Por qué tengo que ser esta persona?".[20] En cuanto a nuestra copa, afirma: "No la he pedido y no la quiero".

Continúa diciendo: "A medida que llegamos a hacernos amigos de nuestra propia realidad, a mirar con compasión nuestras propias penas y alegrías, y a medida que somos capaces de descubrir el potencial único de nuestra forma de estar en el mundo, podemos ir más allá de nuestra protesta, poner la copa de nuestra vida en nuestros labios y beberla, lenta, cuidadosa pero plenamente. Beber hasta las entrañas".[21]

Amigo, él tiene mucha razón: debemos aceptar la realidad de que somos personas defectuosas. No nos sirve de nada ocultarlo. De hecho, nos perjudica y perjudica a los demás cuando tratamos de disfrazar nuestro verdadero ser ante los demás. Una vez que empecemos a animar a los demás a compartir con nosotros sus heridas, su quebrantamiento y la necesidad imperiosa de Jesús, y nosotros, a su vez, compartamos con ellos nuestras heridas, nuestro quebrantamiento y la necesidad de Jesús, podremos finalmente empezar a sanarnos. Juntos podemos crecer más cerca en comunidad con los demás y con Dios. Esto es lo que significa ser BENDITO, ROTO y COMPARTIDO. Esto es lo que significa *ser Eucaristía*. Esto es lo que significa convertirse en el Cuerpo de Cristo.

¿Estás preparado?

MEDITACIÓN MUSICAL

Antes de entrar en los dos últimos capítulos, te insto a que descargues y asimiles las palabras profundamente conmovedoras de la canción *"How Beautiful"* de Twila Paris.

No solo las hermosas manos de Jesús ofrecieron el pan en la Última Cena, sino que sus manos, pies y costado también fueron traspasados por nuestros pecados. Él es nuestro hermoso Salvador. Ahora Dios nos llama a ti y a mí para que salgamos y nos convirtamos en las hermosas manos y pies de Cristo para los que conozcamos.

¿Responderemos a su llamado?

ATÓNITO POR LA HISTORIA DEL NIÑO

Después de esto, Jesús fue al otro lado del mar de Galilea, el de Tiberias. Y le seguía gran multitud, porque veían las señales que hacía en los enfermos. Entonces subió Jesús a un monte, y se sentó allí con sus discípulos. Y estaba cerca la pascua, la fiesta de los judíos. Cuando alzó Jesús los ojos, y vio que había venido a él gran multitud, dijo a Felipe: ¿De dónde compraremos pan para que coman estos? Pero esto decía para probarle; porque él sabía lo que había de hacer. Felipe le respondió: Doscientos denarios de pan no bastarían para que cada uno de ellos tomase un poco.

Uno de sus discípulos, Andrés, hermano de Simón Pedro, le dijo: Aquí está un muchacho, que tiene cinco panes de cebada y dos pececillos; mas ¿qué es esto para tantos? Entonces Jesús dijo: Haced recostar la gente. Y había mucha hierba en aquel lugar; y se recostaron como en número de cinco mil varones. Y tomó Jesús aquellos panes, y habiendo dado gracias, los repartió entre los discípulos, y los discípulos entre los que estaban recostados; asimismo de los peces, cuanto querían. Y cuando se hubieron saciado, dijo a sus discípulos: Recoged los pedazos que sobraron, para que no se pierda nada. Recogieron, pues, y llenaron doce cestas de pedazos, que de los cinco panes de cebada sobraron a los que habían comido. Aquellos hombres entonces, viendo la señal que Jesús había hecho, dijeron: Este verdaderamente es el profeta que había de venir al mundo. Pero entendiendo Jesús que iban a venir para apoderarse de él y hacerle rey, volvió a retirarse al monte él solo. - Juan 6:1-15

Este sexto capítulo del Evangelio de Juan es muy rico en su mensaje para nosotros y está repleto de simbolismo. Espero poder enlazar los puntos principales de todo este libro examinando un aspecto clave de esta historia, a saber, las acciones del niño que leemos en el versículo 9. Veamos algunos de esos símbolos y lo que pueden significar para nosotros cuando nos esforzamos por ser la puerta a través de la cual otros encuentran a Cristo. Y luego, centrémonos en el niño.

Para empezar, en el versículo 3 se dice que la gente estaba en un monte. Este punto no se puede pasar por alto. Recordemos que el Jardín del Edén estaba en una montaña, y los ríos fluían desde el jardín. Abraham llevó a Isaac al Monte Moriah para ser sacrificado. Moisés recibió los mandamientos en el Monte Sinaí. Según la tradición, la transfiguración tuvo lugar en el Monte Tabor. La Ciudad Santa de Dios, Jerusalén, está en el Monte Sión y, finalmente, Jesús fue crucificado en el Monte Calvario.

A lo largo de la Biblia, grandes cosas tuvieron lugar en las montañas. La gente subía a las montañas, y Dios bajaba a las montañas. Las montañas eran lugares donde Dios y el hombre se reunían para sus encuentros. Juan lo sabía, y por eso incluyó este detalle en este relato para subrayar la importancia de lo ocurrido.

En el versículo 3, Juan nos dice que Jesús se sentó. Estar sentado era la posición tradicional que adoptaban los rabinos para enseñar al pueblo. Hace tiempo que se dice que las acciones hablan más que las palabras. Jesús estaba a punto de enseñar tanto con palabras como con acciones al realizar este asombroso milagro ante una gran multitud.

Se nos dice, en el versículo 4, *"La fiesta judía de la Pascua estaba cerca"*. Cada año el pueblo judío celebraba la Pascua en recuerdo de su liberación de la esclavitud en Egipto. Jesús estaba preparando al pueblo para la Nueva Pascua que pronto tendría lugar en la que Él sería el cordero del sacrificio.

El obispo Robert Barron dijo una vez en una homilía que Juan estaba pintando un cuadro de la misa en esta primera parte de Juan 6. Primero, Jesús predica al pueblo. Los católicos reconocerían rápidamente esto como la Liturgia de la Palabra. A continuación, Jesús da de comer a la gente. Los católicos podrían ver esto como la predicción de la Liturgia de la Eucaristía.

Juan también añadió lo que parece ser un punto menor que podría ser fácilmente pasado por alto. En el versículo 9, nos dice que el pan estaba hecho de cebada. He leído que, en aquella época, a diferencia del pan de trigo, el pan de cebada se asociaba más a los pobres. Dado que el pan de cebada se consideraba el alimento de los pobres, es posible que Juan utilice este punto aparentemente menor para decirnos que el niño que se presentó era de una familia pobre y dio todo lo que tenía. Juan también relaciona esta historia con 2 Reyes 4:42, que dice: *"Vino un hombre de Baal-Salisa trayendo al hombre de Dios veinte panes de cebada hechos de las primicias, y grano fresco en la espiga"*.

Fíjate que en el versículo 11 Jesús tomó los panes y dio gracias. Esto se correlaciona con lo que Jesús haría con el pan en la Última Cena.

El relato concluye en el versículo 13 cuando Juan nos dice que sobraron doce cestas. Doce era la cifra de la plenitud o la abundancia. Juan podría estar dándonos una metáfora de la abundancia de Dios manifestada en su abundante gracia, su abundante misericordia y su abundante perdón. El doce también se relaciona con las doce tribus de Israel.

Está claro que el relato de la multiplicación de los panes y los peces es uno de los más conocidos del Nuevo Testamento. Es tan importante que aparece en los cuatro Evangelios. Muchos de estos símbolos están representados en los otros Evangelios. Sin embargo, hay algo diferente en la versión de Juan de la historia. Solo en el Evangelio de Juan descubrimos de dónde proceden los panes y los peces. En el versículo 9, leemos: *"Hay un muchacho que tiene cinco panes de cebada y dos peces".*

Por favor, por unos momentos, permíteme la licencia literaria de embellecer algunos de los detalles de esta historia tan familiar con el propósito de hacer mi punto.

Bien, aquí vamos.... Supongamos por un momento que eres el padre del niño. Hace tiempo que se ha oído hablar de este rabino llamado Jesús. Has oído hablar de los milagros de curación que ha realizado. También has oído que este rabino puede contar historias durante mucho tiempo. Al saberlo, tú y tu familia planearon bien esta salida.

Has empacado algunas mantas para sentarte y una cesta de comida, suficiente para toda tu familia y algunos de tus parientes que pensaban salir a escuchar a Jesús contigo. Llevaste cinco panes de cebada y dos peces.

Gracias a la planificación y a la antelación con la que llegaste, tu familia pudo sentarse en primera fila en la ladera del monte. Estaban cerca del rabino y de sus discípulos. Ahora, sentado a gusto, escuchaste con gran interés a este carismático orador llamado Jesús. Parecía hablarle a tu alma. Sin embargo, estabas continuamente distraído y molesto por otros en la multitud que murmuraban críticas a Jesús. Al mirar a unos pocos escépticos ruidosos en la multitud, te perdiste una importante interacción entre Jesús y sus discípulos. Aunque estabas temporalmente distraído por las murmuraciones de la multitud, tu hijo, muy atento, escuchó la conversación. Esto es lo que oyó: "¿Dónde podemos comprar suficiente comida para que coman?". También oyó la respuesta: "Doscientos jornales de comida no serían suficientes para que cada uno tuviera un poco".

Sin dudarlo un instante, tu hijo agarró la cesta de comida de la familia y corrió hacia uno de los discípulos llamado Andrés y le dijo: *"Señor, aquí está nuestra comida. ¿Te ayudará esto a alimentar a esta multitud?"*

Ahora bien, si fueras como la mayoría de los padres, habrías gritado: *"Hijo, vuelve aquí. Ésta es nuestra comida. Deja que esa gente se las arregle sola"*. Pero era demasiado tarde. Jesús ya estaba agarrando la cesta que le entregaba Andrés.

Entonces, ¿qué sentido tienen mis adornos adicionales a la historia? Para responder a esa pregunta, deja que te haga una pregunta. ¿Necesitó Jesús algo de alguien para alimentar a la multitud? En otras palabras, ¿necesitó Jesús leña para encender el fuego? No, por supuesto que no. Jesús es Dios; podría haber chasqueado los dedos, y toda la multitud podría haber recibido una deliciosa cena de carne, completa con todos los adornos acompañados de tenedores, cuchillos y servilletas, e incluso un delicioso postre. Pero tradicionalmente no es así como actúa Dios.

La mayoría de las veces, Dios actúa a través de personas que responden a su llamado. Esto lo vemos representado en los muchos grandes personajes que aparecen a lo largo de todo el Antiguo Testamento. En otras palabras, Dios hace milagros cuando la gente actúa. Él está dispuesto a obrar esos milagros también a través de nosotros, si respondemos a su llamado.

Han pasado más de dos mil años desde que Jesús realizó el milagro de la multiplicación de los panes y los peces. Reflexiona sobre esta cuestión. ¿Sabríamos de aquel día en la montaña y de la multiplicación de los panes y los peces si aquel joven no hubiera ofrecido la cesta de comida de su familia? ¿Se habría ido la multitud a casa con hambre ese día? ¿Te has preguntado alguna vez por qué Juan, a diferencia de los otros escritores de los Evangelios, nos dio este importante detalle sobre el niño?

Ahora, piensa también en esto. ¿Cómo afectó la acción del niño al propio niño? Él y su familia habrían comido lo suficiente ese día. Si lo piensas, ni el niño ni su familia fueron impactados directamente por el milagro ese día. Habrían tenido su comida incluso sin el milagro. Esto hace que esta historia sea aún más conmovedora para el punto principal de este libro.

A lo largo de la historia de la humanidad, Dios ha hecho cosas maravillosas -sí, incluyendo milagros- cuando la gente ha respondido a su llamado. A veces, cuando las personas responden al llamado de Dios, Él actúa a través de esas personas para realizar milagros en la vida de otras personas. Dios obró a través del acto desinteresado del niño para obrar un milagro en la vida de miles de personas en esa montaña ese día, y es por eso que todavía sabemos de esos eventos más de dos mil años después.

Dios se deleita en nuestra participación. Jesús no necesitaba el pan del niño. El niño presentó todo lo que tenía para ofrecer. Jesús tomó lo que el niño ofreció y lo multiplicó. Incluso se podría decir que lo transubstanció y alimentó a la multitud con el pan de la vida.

Ahora, ponte a pensar en mi amigo Bob. Bob respondió a los impulsos del Espíritu Santo cuando se acercó a mí tres veces. Como resultado, recibí un milagro de sanación ese día. La vida de Bob no hubiera sido diferente si no hubiera actuado, pero yo me hubiera perdido un milagro.

Hace muchos años, el Padre Nick, a quien mencioné antes en el libro, dio una homilía sobre esta historia. Dijo algo en su homilía que se me ha quedado grabado a lo largo de los años. Dijo: "Quiero que se queden atónitos por la historia del niño". Me sorprendió ese comentario. Nunca había oído a nadie decir eso sobre algo de la Biblia, ni antes ni después. He aquí por qué lo dijo.

Imagina por un momento que hoy mismo, Dios está planeando hacer un milagro en la vida de alguien, pero ese milagro solo ocurrirá si respondes a las indicaciones de Dios. Si no respondes y te dedicas a tus asuntos, como siempre, probablemente no notarás ninguna diferencia en tu vida. Tu vida no será impactada negativamente por tu inacción. Sin embargo, otra persona perderá el milagro que Dios esperaba proporcionarle. Este pensamiento debería perseguirnos a todos.

Debemos preguntarnos: "¿Estamos dispuestos a ser como el niño?". ¿Estamos dispuestos a reconocer una necesidad en la vida de alguien y permitir que Dios tenga la oportunidad de trabajar a través de nosotros para sanarlo? Así es como vivimos una vida bendecida, rota y compartida. Pero si nos limitamos a mantenernos a nosotros mismos, deberíamos ser perseguidos por la realidad de que un cristiano aislado es un evangelizador ineficaz.

La acción de un muchacho permitió a Dios alimentar a miles de personas. ¿Qué podría hacer Dios a través de nosotros si respondemos a sus impulsos y preguntamos genuinamente cómo le va a alguien? ¿Y si incluso llegamos a compartir nuestras vidas de forma sencilla, honesta, vulnerable y completa, compartiendo con ellos nuestras alegrías, luchas, miedos y fracasos? Al hacerlo, ¿daremos a otros el valor de compartir su quebranto con nosotros y, como resultado, permitiremos que el poder sanador de Cristo les alcance en su dolor? Dios está listo para realizar más milagros hoy. Solo está esperando que tú y yo actuemos.

Déjame preguntarte esto, ya que el libro se acerca al final. He escrito mucho sobre nuestras heridas y quebrantos. He hecho hincapié en sacar a la luz esas cosas que escondemos en la oscuridad. He hablado de la importancia de ayudar a otros a hacer lo mismo. Sé que la idea de hacerlo da miedo porque a mí me dio miedo. Entonces, ¿qué pensamientos te han asustado o agitado en este momento? ¿Qué vientos fuertes soplan en tu vida y te causan miedo? Escucha atentamente lo que Jesús le está diciendo a tu alma. Te está diciendo lo mismo que dijo 365 veces a lo largo de la Biblia: *"No tengas miedo".*

Entonces, ¿dónde nos deja esto? Nos queda la verdad de que Jesús es el Hijo de Dios. Él es la fuente de la vida eterna. Él es el verdadero pan que baja del cielo. Se nos dice que cuando creemos en Él, Él está en nosotros. Se nos ha dicho que solo Él es la fuente de la vida eterna.

También sabemos que somos bendecidos por su misericordia, su amor y su perdón. Sabemos que hemos sido comisionados para ir a contarlo a otros. Sabemos que la gente está hambrienta de ser alimentada. Sabemos que si se alimentan de Jesús nunca más tendrán hambre o sed.

Sabemos que aunque seamos una puerta rota, la gente puede entrar a través de nosotros para encontrar a Jesús, la puerta perfecta hacia el Padre. Pero debemos actuar para ser esa puerta. Debemos vivir una vida abierta, honesta y transparente, y debemos ayudar a los demás a hacerlo también.

Te pido que te conviertas en Eucaristía para los demás. Te pido que vivas tu vida bendecida, rota y compartida. ¿Lo harás, o como muchos en ese día, murmurarás y volverás a tus viejas costumbres de vida? Dios nos ha llamado, pero también nos ha dado libre albedrío y nos ha dado la capacidad de rechazar su llamado. ¿Qué harás tú?

Si Jesús te preguntara, como a los doce apóstoles, *"¿También quieres irte?"* ¿Cómo le responderías? Mi esperanza es que digas: *"Maestro, ¿a quién vamos a ir? Tú tienes palabras de vida eterna. Hemos llegado a creer y estamos convencidos de que eres el Santo de Dios".*

Así que, te pregunto ahora, ¿ayudarás a la gente a encontrar a Jesús? Él es el que tiene las palabras de vida eterna. Si tú y yo vivimos una vida compartida, abierta y transparente que refleje verdaderamente nuestra necesidad y amor por Jesús, y si hacemos que los demás se sientan seguros para abrirse a sus pruebas, heridas y quebrantos, entonces podrán tener un verdadero encuentro con el Señor. Al admitir nuestro quebranto y nuestra dependencia de Jesús, damos a los demás el valor de hacer lo mismo. Cuando lo hacemos, puede ocurrir un milagro en sus vidas gracias a ti.

IR HACIA ADELANTE

Quisiera recapitular algunos de los puntos clave del libro.

- Estamos llamados a ser una puerta, por muy rotos que estemos, a través de la cual otros puedan entrar para encontrar a Cristo.

- La misericordia y el perdón son las mayores bendiciones de Dios para nosotros.

- Todas las personas están rotas por su propio pecado, heridas por vivir en un mundo roto y pecador, o ambas cosas.

- Todos estamos encadenados por algún pecado recurrente en nuestra vida.

- La mayoría de las personas, si no todas, tienen miedo de revelar su quebrantamiento a los demás.

- Jesús vino a salvar a los perdidos y rotos.

- Todos tenemos un Papel Morado con secretos bien guardados escritos en él.

- Todos vivimos en un Mar Morado.

- Todos llevamos una máscara para ocultar a los demás nuestro verdadero yo.

- Satanás a menudo utiliza la "máscara de papel amarillo"

para mantenernos excesivamente enfocados en los pecados equivocados.

- La mayor parte de nosotros vivimos la vida con la bendición, el quebranto y el miedo.

- Como cristianos, estamos llamados a ser Eucaristía para otros hambrientos de Jesucristo.

- Si queremos ser curados, tenemos que decirle a alguien que estamos rotos.

- Para ser Eucaristía para otros, todos tenemos que vivir nuestras vidas Bendecidos, Rotos y COMPARTIDOS.

- Cada uno de nosotros está verdaderamente llamado, junto con Jesús, a ser pan partido para la vida del mundo.

- Cuanto más conscientes estemos de nuestras propias heridas y quebrantos, más capaces seremos de mirar a los demás con aceptación y misericordia.

- Como Cristo, estamos llamados a ser sanadores heridos.

- No podemos ser eficaces en el ministerio a menos que sepamos y comprendamos que todo el mundo está roto, y nosotros también.

- La intención de Dios es que vivamos la vida en comunidad cristiana. Ser miembro de un grupo pequeño que se reúne semanalmente es una forma ideal de construir amistades cristianas sólidas en un lugar seguro donde podemos compartir nuestras alegrías, luchas, dolores y quebrantos.

- Dios hace milagros a través de nosotros cuando actuamos de acuerdo con sus impulsos, como vemos en el niño que ofrece los panes y los peces en Juan 6:9. ¡Sé el niño!

Querido amigo, estamos viviendo en un "Mar Morado". A nuestro alrededor, cada día, nos encontramos con personas que llevan máscaras para ocultar el dolor de sus heridas y quebrantos. Dios nos llama a ser personas que comparten y se preocupan. Reconociendo que todas las personas están rotas, debemos preocuparnos de que si descuidamos nuestra responsabilidad de acercarnos a ellas, si no proporcionamos un entorno abierto para compartir con seguridad, estas personas seguirán sufriendo solas. Se perderán el milagro que Dios tiene reservado para ellos. Si no actuamos, tú y yo seremos la causa del milagro que nunca ocurrió. Esa posibilidad debería dejarnos a todos atormentados por la historia del niño pequeño.

¿SERÁS TÚ EL NIÑO PEQUEÑO PARA ALGUIEN?

DE PIE EN LAS TORMENTAS DE LA VIDA

Quisiera compartir una última cita del autor cristiano Adam S. McHugh, que resume la esencia de todo este libro, utilizando la imagen de una tormenta para hacer el punto. Esto es lo que dice: "Una persona que sufre está en una tormenta. Tiene frío, está mojada, tiembla y tiene miedo. Los sermones, los tópicos y los consejos no los sacarán de la tormenta. No le digas a una persona en una tormenta que es un día soleado. Es probable que llegue un día en que las nubes se separen, pero no es hoy. No es tu trabajo sacarlos de la tormenta. Es tu trabajo mojarte con ellos".[22]

Empecemos hoy. Hagamos un nuevo propósito de vivir nuestras vidas en comunión con los demás. Quitémonos las máscaras. Respondamos como el niño. Seamos la puerta rota por la que otros pueden entrar para encontrar a Cristo. Estemos dispuestos a mojarnos con otros que están atrapados en las tormentas de la vida. **Y, finalmente, salgamos como personas bendecidas, rotas y compartidas para convertirnos en Eucaristía para un mundo hambriento de Jesús. Él es el Pan de Vida, el que ofrece a los que creen en Él la vida eterna.**

ESTOY ROTO, TÚ ESTÁS ROTO, DIOS NO LO ESTÁ, ¡HABLEMOS!

NOTAS FINALES

[1] Agustín de Hipona, *Confessions*, 2002, New City Press

[2] The London Daily News, August 16, 1905

[3] Clive Staples Lewis, *The Great Divorce A Dream*, 1954, HarperCollins, p99

[4] Papa Francisco, *El nombre de Dios es misericordia*, 2016, Grupo Editorial Random House, p34

[5] Papa Francisco, *El nombre de Dios es misericordia*, 2016, Grupo Editorial Random House, p33

[6] Papa Francisco, *El nombre de Dios es misericordia*, 2016, Grupo Editorial Random House

[7] Scott Hahn, *The Lamb's Supper*, 1999, Doubleday, p110

[8] America Magazine Sept. 19, 2013, *"A Big Heart Open to God,"*

[9] Papa Francisco, *El nombre de Dios es misericordia*, 2016, Grupo Editorial Random House

[10] Dietrich Bonhoeffer, *Life Together: The Classic Exploration of Faith in Community*, 1978, HarperOne

[11] St. Catherine of Siena, *The Dialogue*, Paulist Press, 1980

[12] R. W. Emerson: *English Traits Representative Men and Other Essays*, 1932, J.M. Dent & Sons

[13] Papa Francisco, *El nombre de Dios es misericordia*, 2016, Grupo Editorial Random House, p67

[14] Papa Francisco, Audiencia General en la Plaza de San Pedro, 21 de noviembre de 2018

15 Frank T. Griswold, *Praying Our Days,* 2009, Morehouse Publishing, p73

16 Papa Benedicto XVI, Sacramentum Caritatis, 2007

17 Papa Francisco, Discurso en la Audiencia General, 12 de febrero de 2014

18 Obispo Robert Barron, Carta a una Iglesia que sufre, 2019

19 Henri J.M. Nouwen, *Can You Drink the Cup,* 2006. Ave Maria Press, p87

20 Henri J.M. Nouwen, *Can You Drink the Cup,* 2006. Ave Maria Press, p87

21 Henri J.M. Nouwen, *Can You Drink the Cup,* 2006. Ave Maria Press, p87

22 Adam S. McHugh, *The Listening Life: Embracing Attentiveness in a World of Distraction,* 2015 (IVP Books), p161

NOTES

EJERCICIO UNO Y DOS TARJETAS

Papel Morado

Papel Amarillo

Made in the USA
Columbia, SC
23 August 2022

65031993R00111